二十一世纪普通高等教育人才培养“十三五”系列教材

会计综合应用能力训练

Kuaiji Zonghe Yingyong Nengli Xunlian

主 编 刘瑞华

西南财经大学出版社
中国·成都

图书在版编目(CIP)数据

会计综合应用能力训练/刘瑞华主编.—成都:西南财经大学出版社,2021.8
ISBN 978-7-5504-4918-3

Ⅰ.①会…　Ⅱ.①刘…　Ⅲ.①会计学—高等学校—教材　Ⅳ.①F230

中国版本图书馆 CIP 数据核字(2021)第 115579 号

会计综合应用能力训练

主　编　刘瑞华

策划编辑:李特军　李晓嵩
责任编辑:李特军
封面设计:张姗姗
责任印制:朱曼丽

出版发行	西南财经大学出版社(四川省成都市光华村街 55 号)
网　　址	http://cbs.swufe.edu.cn
电子邮件	bookcj@swufe.edu.cn
邮政编码	610074
电　　话	028-87353785
照　　排	四川胜翔数码印务设计有限公司
印　　刷	成都市火炬印务有限公司
成品尺寸	185mm×260mm
印　　张	28
字　　数	647 千字
版　　次	2021 年 8 月第 1 版
印　　次	2021 年 8 月第 1 次印刷
印　　数	1— 3000 册
书　　号	ISBN 978-7-5504-4918-3
定　　价	45.00 元

编审委员会

▶▶序

2015年，教育部发布《关于引导部分地方普通本科高校向应用型转变的指导意见》（教发〔2015〕7号）。自此，我国高校教育工作者对如何办好应用型本科教育进行了不懈的探索。从宏观层面看，他们对应用型本科办学定位、办学指导思想和办学理念等方面进行了理论研究和实践探索；从中观层面看，他们对应用型本科的人才培养理念、人才培养目标定位、人才培养模式、人才培养规格、人才培养方案设计、产学研合作等进行了研究与实践；从微观层面看，他们对应用型本科专业教学模式、课程设计、教学方法、教材开发、实践教学等进行了创新研究与实践。这些研究与实践，在一定程度上统一了教师教育教学思想，有效推进了应用型本科高校教育教学改革、办学成果的形成和办学特色的培育。

目前，在应用型本科教育教学中，还存在不少需要深入研究与不断实践解决的问题，如①实践教学仍然落实不到位、效果不佳的问题，教师教学理念有待进一步更新。不少教师虽然口头上重视实践教学，但由于其所受教育以理论教学及其研究为主，于是自觉不自觉地以理论教学为重，将实践教学当作理论教学的补充和附属，其结果是学校实践教学的内容大多是对理论知识的验证，并非培养学生应用能力的技术训练，导致实践教学的效果不佳。②不少教师尤其是青年教师自身专业实践能力不足的问题。高校在学位上要求教师具有硕士学位、博士学位，不少青年教师从学校到学校，缺少行业企业实践经历。③人才培养方案中的实践教学课程体系构建问题。有的专业课程体系是以学科为逻辑起点构建的，对人才培养的理论课程体系与实践课程体系缺乏必要的研究，有的专业对必要的理论课程重视不够。在这种情况下，实践教学即使得到了重视，效果也可能仍然不好，培养出来的学生虽然能够较快地适应一般的岗位工作，但后劲不足，难以得到较快的成长。④学科专业校内实践教学平台构建问题、理实一体化课程中实践教学效果问题、产学研合作平台构建与作用发挥问题等。

由此看来，应用型本科教育应构建适应应用型本科教育的、而且有别于传统本科教育的理论教学课程体系和实践教学课程体系，其中实践教学课程体系的构建尤为重要。这不仅需要从事应用型本科教育的教师进行系统的研究和实践，还需要行业企业的实际工作者积极参与，由教育专家和行业专家共同完成这一体系的构建。

在应用型本科教育领域，有一批教师在坚持不懈地进行实践课程教学的研究与实践，并取得了一定的研究与实践成果。广州商学院会计学院的老师们积极投入这一研究与实践中，他们结合会计教学实践，基于应用型本科教育特点，根据高素质应用型人才培养目标的需要，开发了这套会计应用能力训练系列教材。这套教材由《基础会计应用能力训练》《财务会计应用能力训练》《成本会计应用能力训练》《会计电算化应用能力训练》《纳税申报应用能力训练》《会计综合应用能力训练》《会计顶岗实操》等组成，形成了会计应用能力训练三级递进的教材体系。这一系列教材的出版发行和在教学中的运用，实现了在会计应用人才的培养上，从入校到毕业的全程培养，从低级到高级的系统培养，从专项到实战的科学培养，有助于培养高素质应用型会计人才。

会计应用能力训练系列教材编审委员会

2020 年 10 月 18 日

前言

为了适应培养本科应用型人才的需要和提高学生从事会计工作的综合应用能力，使学生掌握会计操作技能，加强学生对专业理论知识和会计核算工作的感性认知，提高学生的实际动手能力和会计综合应用能力，缩短学生走向工作岗位的适应期，我们根据最新修订的会计准则和2021年5月之前修订的税收制度编写了本教材。本教材在内容、体系和实例等方面具有以下特色：

第一，本教材选择一家校企合作企业（虚拟公司名称：广州康成有限责任公司）作为会计核算主体，内容素材高度仿真企业真实的原始凭证、记账凭证、会计账簿、财务报表等会计资料，增加学生实操过程中的真实感和职业带入感。

第二，本教材会计事项选择广州康成有限责任公司一个月（一个会计期间）典型的经济业务，这些业务包括企业平时发生的经济业务和年终结账的经济业务。学生通过实训，可熟练掌握会计核算的全部工作流程。

第三，本教材涉及的业务全部以仿真的原始凭证呈现经济业务的内容，从而改变学生在学校只看题目不懂审原始单据的习惯性思维。

第四，本教材附带现行标准的规范记账凭证、科目汇总表、日记账、明细分类账和相关会计报表等资料，既方便教师备课又方便学生实践操作。

本教材系统地介绍了会计凭证的填列，会计账簿的开设、登记、结账，会计报表的编制等。本教材主要采用审单分析业务办法，提供仿真的原始凭证，学生必须先通过审核单据，分析经济业务，再进行会计处理，具有较强的可操作性。本教材适用于应用型本科院校会计学、财务管理、审计学等专业的学生进行会计综合应用能力训练，同时也适用于在岗会计人员使用。

编者

2021年6月

目录

第一部分 概述

一、会计综合应用能力训练的目的

会计综合应用能力训练是在完成基础会计应用能力训练、财务会计应用能力训练、成本会计应用能力训、会计电算化应用能力训练、纳税申报应用能力训练教学任务的基础上进行的。本教材模拟广州康成有限责任公司（以下简称“康成公司”）2020 年 12 月发生的经济业务，让学生通过对模拟企业所发生的经济业务进行会计处理，认识企业生产经营活动中所涉及的各种原始凭证，提高识别和审核原始凭证的能力，进行综合、全面、系统的训练。学生通过本实验，不仅可以掌握新会计准则下经济业务的会计处理方法，而且还可以帮助学生实现理论知识向实践技能的转化，为学生将来毕业后实现零距离就业打下坚实基础。

二、会计综合应用能力训练的要求和内容

本实训以康成公司 2020 年 12 月发生的经济业务为对象，并提供 2020 年 12 月初的相关数据资料。实训的要求和内容如下：

（一）实训要求

（1）严格按照现行的会计准则制度、税收法律法规和本企业所规定的会计核算制度进行会计处理。

（2）全部实验要求使用本教材提供的会计凭证、账页和会计报表。

（3）要用黑色签字笔按规定的程序和方法登账和结账，发现错账应采用正确的更正方法，不能采用刮、擦、挖、补和涂改等方法进行错账更正。

（二）实训内容

（1）期初建账。开设各种账簿，登记总账和明细账期初数及资产负债表期初数等。

（2）审核单据。对外来原始凭证或自制原始凭证汇总表的合法性、合理性和合规性等进行审核。

（3）填制记账凭证。根据审核后的原始凭证填写记账凭证。

（4）登记现金类账户。根据原始凭证和记账凭证登记现金日记账和银行存款日

记账。

（5）登记明细分类账。根据原始凭证和记账凭证登记三栏明细账、多栏明细账、数量金额明细账、应交增值税明细账等。

（6）编制科目汇总表。根据记账凭证每10天编制一张科目汇总表。

（7）登记总分类账。根据科目汇总表分三旬登记总分类账。

（8）期末编制试算平衡表。

（9）编制利润表。

（10）编制资产负债表。

（11）编制现金流量表。

（12）编制所有者权益（股东权益）变动表。

三、会计综合应用能力训练的操作规程

（1）账务处理程序，采用“科目汇总表”核算程序。

（2）存货按实际成本计价。

（3）存货发出采用月末一次加权平均法核算。

（4）坏账损失采用备抵法，按应收账款余额百分比计提，计提比例为5%。

（5）固定资产、无形资产均采用直线法（平均年限法）计提折旧和摊销。

（6）五险一金缴存比例。

①基本养老保险的缴存比例：企业缴纳12%，个人缴纳8%。

②住房公积金缴存比例：企业和个人均按8%计算、缴纳。

（7）工资附加费采用预提法，职工福利费14%，工会经费2%，职工教育经费8%。

（8）各种税费的缴存比例。一般纳税人，增值税税率为13%，城市维护建设税税率为7%，教育费附加征收率为3%，地方教育费附加征收率为2%，企业所得税税率为25%。

（9）法定盈余公积金计提比例为本年净利润的10%。

（10）投资者股利分红按可供分配利润的40%进行分配。

第二部分 广州康成有限责任公司基本概况

一、企业基本信息

广州康成有限责任公司从事甲、乙产品的生产，注册资本 260 万元，公司现有员工 50 人。

模拟公司名称：广州康成有限责任公司（简称：康成公司）

模拟公司地址：广州市黄埔区九龙大道中 206 号

模拟公司联系电话：020-82878093

纳税识别号：5244000077921143190

开户银行：中国工商银行新龙街支行

银行账户：6222020000111222001

企业法人：刘俊

二、企业组织架构

企业组织架构如图 2-1 所示：

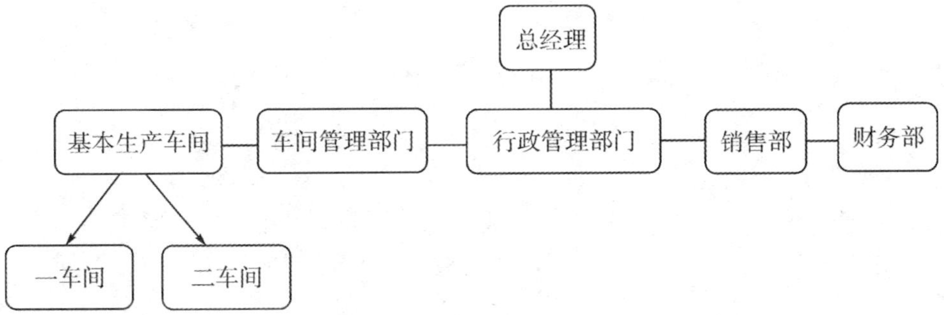

图 2-1　企业组织架构

三、公司主要部门及其负责人

董事长：刘俊

总经理：冯海广

财务部经理：刘晓珍

会计主管：谭景新

会计：陈英

出纳：李明月

仓库管理员：张一帆

四、企业生产经营情况

广州康成有限责任公司主要生产甲产品和乙产品，两种产品分别由基本生产车间加工而成。一车间和二车间均可生产甲产品和乙产品，但生产工人是不能共用的（生产甲产品的工人只能生产甲产品，不能生产乙产品；生产乙产品的工人只能生产乙产品，不能生产甲产品）。车间管理部门主要负责本公司的资产维修和运输服务等。

第三部分

会计综合应用能力训练资料

一、期初建账资料

（1）广州康成有限责任公司2020年12月1日总账、明细账期初余额（见表3-1）

表3-1　总账、明细账期初余额　　单位：元

总账	明细账	借方余额		贷方余额	
		总账	明细账	总账	明细账
库存现金	库存现金日记账	5 250.00	5 250.00		
银行存款	银行存款日记账	1 250 000.00	1 250 000.00		
应收账款		635 500.00			
	广州市电子有限公司		500 000.00		
	佛山家俱厂		8 500.00		
	广州白云电子有限公司		127 000.00		
坏账准备				11 775.00	
原材料		160 000.00			
	A材料		115 000.00		
	B材料		45 000.00		
库存商品		100 000.00			
	甲产品		55 000.00		
	乙产品		45 000.00		
周转材料		28 000.00			
	甲产品包装箱		18 000.00		
	乙产品包装箱		10 000.00		

表3-1(续)

总账	明细账	借方余额		贷方余额	
		总账	明细账	总账	明细账
固定资产		3 800 000.00			
	房屋建筑物		1 850 000.00		
	机器及其他设备		1 450 000.00		
	运输设备		500 000.00		
累计折旧				450 000.00	
无形资产	专利技术	30 000.00	30 000.00		
短期借款				200 000.00	
应付票据				500 000.00	
	银行承兑汇票				200 000.00
	商业承兑汇票				300 000.00
应付账款				27 120.00	
	深圳电子有限公司				27 120.00
应付职工薪酬				345 600.00	
	工资				270 000.00
	工会经费				5 400.00
	职工教育经费				21 600.00
	住房公积金				21 600.00
	社会保险				27 000.00
应交税费				67 815.00	
	未交增值税				61 000.00
	应交城建税				4 270.00
	教育费附加				1 830.00
	地方教育附加				610.00
	应交印花税				105.00
长期借款				1 000 000.00	
实收资本				2 600 000.00	
资本公积	资本溢价			400 000.00	400 000.00
盈余公积	法定盈余公积			300 000.00	300 000.00
利润分配				106 440.00	
	未分配利润				106 440.00
合计		6 008 750.00		6 008 750.00	

（二）2020 年 12 月 1 日存货及固定资产明细资料

1. 原材料（见表 3-2）

表 3-2　原材料

名称	规格型号	计量单位	数量	单价/元	金额/元
A 材料		千克（kg）	11 455	10.05	115 000
B 材料		千克（kg）	5 590	8.05	45 000
合计			17 045		160 000

注：采用加权平均计算单价，不能整除的约等小数点后两位。

2. 周转材料（见表 3-3）

表 3-3　周转材料

名称	规格型号	计量单位	数量	单价/元	金额/元
甲产品包装箱		件	6 000	3	18 000
乙产品包装箱		件	5 000	2	10 000
合计			11 000		28 000

3. 库存商品（见表 3-4）

表 3-4　库存商品

名称	规格型号	计量单位	数量	单价/元	金额/元
甲产品		件	5 500	10	55 000
乙产品		件	4 500	10	45 000
合计			10 000		100 000

4. 固定资产明细资料（见表 3-5）

表 3-5　固定资产明细资料

部门	固定资产类型	固定资产原值/元	预计净残值/元	预计使用限	已计提折旧
一车间	房屋	1 000 000	80 000	40	50 000
	机器及其他设备	800 000	40 000	20	20 000
	运输设备	100 000	50 000	10	5 000
二车间	房屋	500 000	40 000	40	25 000
	机器及其他设备	500 000	25 000	20	297 000
	运输设备	300 000	15 000	10	15 000
车间管理部门	房屋	350 000	28 000	40	25 000
	机器及其他设备	150 000	7 500	20	8 000
	运输设备	100 000	5 000	10	5 000
合计		3 800 000			450 000

（三）期初建账需开设的账户

（1）开设日记账，并根据总账、明细账期初余额登记相关账户期初余额。

①库存现金日记账

②银行存款日记账

（2）开设总账，并根据总账、明细账期初余额登记相关账户期初余额，没有期初余额的账户待记本期发生额。需开设的账户见表3-6：

表3-6　总账目录表

序号	总账科目	序号	总账科目	序号	总账科目
1	库存现金	18	固定资产清理	35	资本公积
2	银行存款	19	无形资产	36	盈余公积
3	其他货币资金	20	累计摊销	37	本年利润
4	交易性金融资产	21	递延所得税资产	38	利润分配
5	应收票据	22	待处理财产损溢	39	主营业务收入
6	应收账款	23	生产成本	40	其他业务收入
7	预付账款	24	制造费用	41	投资收益
8	其他应收款	25	短期借款	42	营业外收入
9	坏账准备	26	应付票据	43	主营业务成本
10	在途物资	27	应付账款	44	税金及附加
11	原材料	28	预收账款	45	销售费用
12	库存商品	29	应付职工薪酬	46	管理费用
13	周转材料	30	应交税费	47	财务费用
14	固定资产	31	应付股利	48	资产减值损失
15	累计折旧	32	其他应付款	49	营业外支出
16	在建工程	33	长期借款	50	所得税费用
17	工程物资	34	实收资本		

（3）开设三栏账，并根据总账、明细账期初余额登记相关账户期初余额，没有期初余额的账户待记本期发生额。需开设的账户见表3-7：

表3-7　三栏明细账目录表

序号	总账科目	明细科目	序号	总账科目	明细科目
1	其他货币资金	银行汇票存款	33		住房公积金
2		存出投资款	34	应付职工薪酬	社会保险费

表3-7(续)

序号	总账科目	明细科目	序号	总账科目	明细科目
3	交易性金融资产	成本	35	应交税费	未交增值税
4	应收票据	商业承兑汇票	36		应交城建税
5	应收账款	银行承兑汇票	37		应交教育费附加
6	预付账款	广州市电子有限公司	38		地方教育费附加
7	其他应收款	佛山家俱厂	39		应交所得税
8		广州白云电子有限公司	40		应交个人所得税
9		财产保险费	41		应交房产税
10		赵一山	42		应交印花税
11	坏账准备		43	应付股利	
12	固定资产	房屋建筑物	44	其他应付款	住房公积金(个人部分)
13		机器及其他设备	45		社会保险费(个人部分)
14		运输设备	46	长期借款	
15	累计折旧		47	实收资本	
16	固定资产清理		48	资本公积	股本溢价
17	在建工程		49	盈余公积	法定盈余公积
18	工程物资		50	本年利润	
19	无形资产	专利技术	51	利润分配	未分配利润
20	累计摊销		52		提取盈余公积
21	递延所得税资产		53		应付股利
22	待处理财产损溢		54	主营业务收入	甲产品
23	应付票据	银行承兑汇票	55		乙产品
24		商业承兑汇票	56	其他业务收入	
25	短期借款		57	营业外收入	
26	应付账款	深圳电子有限公司	58	投资收益	
27		广州大众超市服务有限公司	59	主营业务成本	甲产品
28	预收账款	广州市电子有限公司	60		乙产品
29	应付职工薪酬	工资	61	税金及附加	
30		职工福利费	62	资产减值损失	
31		工会经费	63	营业外支出	
32		职工教育经费	64	所得税费用	

4. 开设数量金额式明细账，并根据总账、明细账期初余额登记相关账户期初余额，没有期初余额的账户待记本期发生额。需开设的账户见表 3-8：

表 3-8　数量金额式明细账目录表

序号	总账科目	明细科目	序号	总账科目	明细科目
1	原材料	A 材料	5	周转材料	低值易耗品
2		B 材料	6		甲产品包装物箱
3	在途物资	A 材料	7		乙产品包装物箱
4		B 材料	8	库存商品	甲产品
			9		乙产品

5. 开设多栏明细账，并根据总账、明细账期初余额登记相关账户期初余额，没有期初余额的账户待记本期发生额。需开设的账户如下：

（1）应交税费——应交增值税

（2）管理费用

（3）销售费用

（4）财务费用

（5）生产成本

（6）制造费用

二、期初会计报表资料

期初会计报表资料见表 3-9：

表 3-9　期初会计报表资料

资产	期末余额	期初余额	负债及所有者权益（或股东权益）	期末余额	期初余额
流动资产：			流动负债：		
货币资金		1 255 250. 00	短期借款		200 000. 00
应收票据			应付票据		500 000. 00
应收账款		623 725. 00	应付账款		27 120. 00
应收股利			应付职工薪酬		345 600. 00
应他应收款			应交税费		67 815. 00
存货		288 000. 00	应付利息		
流动资产合计		2 166 975. 00	一年内到期的非流动负债		
非流动资产：			其他流动负债		
债权投资			流动负债合计		1 140 535. 00
其他债权投资			非流动负债：		

表3-9(续)

资产	期末余额	期初余额	负债及所有者权益（或股东权益）	期末余额	期初余额
长期应收款			长期借款		1 000 000.00
长期股权投资			非流动负债合计		1 000 000.00
固定资产		3 350 000.00	负债合计		2 140 535.00
无形资产		30 000.00	所有者（股东）权益		
开发支出			实收资本（或股本）		2 600 000.00
商誉			资本公积		400 000.00
递延所得税资产			盈余公积		300 000.00
其他非流动资产			未分配利润		106 440.00
非流动资产合计		3 380 000.00	所有者(股东)权益合计		3 406 440.00
资产合计		5 546 975.00	负债及权益合计		5 546 975.00

三、广州康成有限责任公司2020年12月主要经济业务的原始凭证

经济业务1：12月1日，签发现金支票一张，从工行提取现金备用（如图3-1所示）。

中国工商银行
现金支票存根

No：00003301

附加信息：

出票日期：2020年12月1日

收款人：
金额：￥5 000.00
用途：备用金

单位主管：　　　　会计：陈英

图3-1　原始凭证

经济业务 2：12 月 1 日，从工行借入一笔短期借款（如图 3-2 所示）。

中国工商银行借款借据

<table>
<tr><td>借款人</td><td colspan="2">广州康成有限责任公司</td><td colspan="3">身份证号</td><td colspan="10">440101197011210017</td></tr>
<tr><td>借款种类</td><td colspan="2">短期</td><td colspan="3">借款用途</td><td colspan="3">流动资金</td><td colspan="3">月利率</td><td colspan="4">0.3%</td></tr>
<tr><td>贷款账户账号</td><td colspan="3">6212263602045276488</td><td colspan="3">存款账户账号</td><td colspan="9">6222020000111222001</td></tr>
<tr><td colspan="6" rowspan="2">借款金额（人民币）叁拾万元整</td><td>千</td><td>百</td><td>十</td><td>万</td><td>千</td><td>百</td><td>十</td><td>元</td><td>角</td><td>分</td></tr>
<tr><td></td><td>¥</td><td>3</td><td>0</td><td>0</td><td>0</td><td>0</td><td>0</td><td>0</td><td>0</td></tr>
<tr><td>借款日期</td><td colspan="5">2020 年 12 月 1 日</td><td colspan="3">还款方式</td><td colspan="7">到期一次还本付息</td></tr>
<tr><td colspan="4">还款日期</td><td colspan="12">贷款已核准并转入借款人存款房
（工商银行财会部门盖章）</td></tr>
<tr><td>年</td><td>月</td><td>日</td><td colspan="2">金额</td><td colspan="11" rowspan="3"></td></tr>
<tr><td>2021</td><td>12</td><td>1</td><td colspan="2">叁拾万元整</td></tr>
<tr><td></td><td></td><td></td><td colspan="2"></td></tr>
<tr><td colspan="6">借款人　　　（公章）
法定代表人　刘俊
（委托代理人）
经办人　陈英</td><td colspan="10">贷款人　　　（公章）
法定代表人　赵一龙
（委托代理人）
经办人　李小同</td></tr>
</table>

广州康成有限责任公司

中国工商银行新龙街支行 财务专用章

图 3-2　原始凭证

经济业务 3：12 月 1 日，预付公司财产保险费（如图 3-3、图 3-4、图 3-5、图 3-6 所示）。

中国平安保险（集团）股份有限公司

财产保险单综合综合保险单　　　（正本简表）No：03-3232001

保险单号：097

<u>广州康成有限责任公司</u>已向本公司投保财产保险综合险以及附加险，并按本保险条款约定交纳保险费，本公司持签发本保险单并同意依照财产保险综合险条款和附加险条款及其他在本保险责任期限内承担被保险人下列标的的保险责任。

	承保标的项目	标的座落地址	保险金额（元）	费率（%）	保险费（元）
综合险		广州黄埔区新龙路 130 号	1 000 000.00	0.6%	6000
	特约保险标的				
总保险金额（大写）壹佰万元整			**（小写）￥1 000 000.00**		
附加险	承保标的项目	标的座落地址	保险金额（元）	费率（%）	保险费（元）
总保险费（大写）陆仟元整			**（小写）￥6 000.00**		
保险责任期限：自 2020 年 12 月 1 日起至 2021 年 12 月 1 日止					
特别约定					

注意： 1．被保险人收到本保险单后请即核对，如有错误立即通知公司。 2．财产保险投保单、投保标的的明细表、风险情况表连同本保险单皆为本保险合同不可分割的组成部分。	中国平安保险（集团）股份有限公司广州分公司 公章 2020 年 12 月 1 日

（印章：中国平安保险广州分公司）

经理：　　　会计：　　　复核：刘兰　　制单：李雪　　　核保：

图 3-3　原始凭证 1

1303532380

广东增值税专用发票

抵扣联

No：31033230

开票日期：2020 年 12 月 1 日

税总函【2020】001 广州白云印刷有限公司

购买方	名称：广州康成有限责任公司 纳税人识别号：524400007792114319O 地址、电话：广州市黄埔区新龙路 130 号 020-82878000 开户行及账号：工商银行新龙街支行 6222020000111222001				密码区	（略）		
货物或应税劳务、服务名称	规格型号	单位	数量	单价	金额	税率	税额	
*保险服务*财产险	**				5 660.38	6%	339.62	
合计					¥5 660.38		¥339.62	
价税合计（大写）	陆仟元整				（小写）¥6 000.00			
销货方	名称：中国平安保险（集团）股份有限公司 广州分公司 纳税人识别号：513321007792115367O 地址、电话：广州市天河区天河北路 25 号 020-21213000 开户行及账号：工商银行天河区支行 6222021030121232031				保单号	保单号：33333 22222 55555 67890		

收款人：　　　复核：　　　开票人：赵小美　　　销售单位：（章）

第二联 抵扣联 购货方扣税凭证

图 3-4　原始凭证 2

1303532380

广东增值税专用发票

发票联

No：31033230

开票日期：2020 年 12 月 1 日

税总函【2020】001 广州白云印刷有限公司

购买方	名称：广州康成有限责任公司 纳税人识别号：524400007792114319O 地址、电话：广州市黄埔区新龙路 130 号 020-82878000 开户行及账号：工商银行新龙街支行 6222020000111222001				密码区	（略）		
货物或应税劳务、服务名称	规格型号	单位	数量	单价	金额	税率	税额	
*保险服务*财产险	*				5 660.38	6%	339.62	
合计					¥5 660.38		¥339.62	
价税合计（大写）	陆仟元整				（小写）¥6 000.00			
销货方	名称：中国平安保险（集团）股份有限公司 广州分公司 纳税人识别号：513321007792115367O 地址、电话：广州市天河区天河北路 25 号 020-21213000 开户行及账号：工商银行天河区支行 6222021030121232031				保单号	保单号：33333 22222 55555 67890		

收款人：　　　复核：　　　开票人：赵小美　　　销售单位：（章）

第三联 发票联 购货方记账凭证

图 3-5　原始凭证 3

中国工商银行网上银行电子回执

币种：人民币元　　日期：20201201　　凭证号：123321756

付款人	全称	广州康成有限责任公司	收款人	全称	中国平安保险（集团）股份有限公司广州分公司
	账号	6222020000111222001		账号	6222021030121232031
	开户行	工商银行新龙街支行		开户行	工商银行天河区支行
大写金额	陆仟元整		小写金额	¥6 000.00	
用途	财产保险费		钞汇标志		
摘要	购买公司财产综合险				

图 3-6　原始凭证 4

经济业务 4：12 月 1 日，从工行申领银行汇票一张用于材料采购（如图 3-7 所示）。

中国工商银行　　**银行汇票申请书（存根）**

申请日期：2020 年 12 月 1 日

申请人	广州康成有限责任公司	收款人	深圳电子有限公司									
账号	6222020000111222001	账号	6223021030121232037									
用途	支付购货款	代理付款银行	工商银行新龙街支行									
出票金额	人民币（大写）壹拾伍万元整		百	十	万	千	百	十	元	角	分	
			¥	1	5	0	0	0	0	0	0	
上列款项请从我账户内支付		科目（借）____ 对方科目（贷）____ 转账日期　年　月　日 复核　记账										

此联由申请人留存

图 3-7　原始凭证

经济业务 5：12 月 1 日，发放 12 月份公司职员生日慰问金（如表 3-10 所示）。

表 3-10　本月职工生日礼金一览表

2020 年 12 月 1 日

序号	姓名	金额	签字
1	张燕妮	200	略（下同）
2	莫小贝	200	
3	曾月消	200	
4	林小可	200	
5	赵一山	200	
6	龙兴旺	200	
7	杨红娇	200	现金付讫
8	陈晓红	200	
9	江红柳	200	
10	郭红军	200	
11	诸经长	200	
12	吴小青	200	
13	张英凤	200	
14	凌小护	200	
15	李飞雪	200	
合计		3 000	

复核：刘晓珍　　　　　　制表：陈英

经济业务 6：12 月 2 日，基本生产车间领用生产甲、乙产品的原材料（如图 3-8、图 3-9、图 3-10 所示）。

领　料　单

2020 年 12 月 2 日

领用部门	基本生产车间		用途	生产甲产品		
名称型号		计量单位	申领数量	实发数量	单价	金额
A 材料		千克	6 000	6 000		
B 材料		千克	3 000	3 000		
合计			9 000	9 000		

保管：张一帆　　　　　　领用人：李飞雪

图 3-8　原始凭证 1

领 料 单

2020 年 12 月 2 日

领用部门	基本生产车间		用途	生产乙产品	
名称型号	计量单位	申领数量	实发数量	单价	金额
A 材料	千克	1 000	1 000		
B 材料	千克	2 000	2 000		
合计		3 000	3 000		

②会计记账联

保管：张一帆　　　　领用人：李飞雪

图 3-9　原始凭证 2

包装物、低值易耗品出库单

领用部门：车间管理部门　　2020 年 12 月 2 日　　编号：30

编号	名称	规格	计量单位	出库数量	单价	总成本
001	甲产品包装箱		件	300		
002	乙产品包装箱		件	200		
合计				500		

②会计记账联

保管：张一帆　　　　领用人：李飞雪

图 3-10　原始凭证 3

经济业务 7：12 月 2 日，销售甲、乙产品，收到银行承兑汇票一张（如图 3-11、图 3-12、图 3-13 所示）。

1303632580

广东增值税专用发票

此联不作报销、扣税凭证使用　　No：21033250

开票日期：2020 年 12 月 2 日

购买方	名称：广州白云电子有限公司 纳税人识别号：523321017892135357 9 地址、电话：广州市白云区白云大道 125 号 020-51213002 开户行及账号：农业银行白云区支行 6234021030131252078	密码区	（略）

货物或应税劳务、服务名称	规格型号	单位	数量	单价	金额	税率	税额
甲产品		件	5 000	30	150 000	13%	19 500
乙产品		件	4 000	20	80 000	13%	10 400
合计					￥230 000		￥29 900
价税合计（大写）	贰拾伍万玖仟玖佰元整				（小写）￥259 900		

销货方	名称：广州康成有限责任公司 纳税人识别号：524400007792114319 0 地址、电话：广州市黄埔区新龙路 130 号 020-82878000 开户行及账号：工商银行新龙街支行 6222020000111222001	备注	

收款人：　　复核：　　开票人：陈英　　销售单位：（章）

税总函〔2020〕001 广州白云印刷有限公司

第一联 记账联 销货方记账凭证

广州康成有限责任公司 5244000077921143190 发票专用章

图 3-11　原始凭证 1

银行承兑汇票　2　No：0083280

签发日期（大写）贰零贰零年拾贰月零贰日

<table>
<tr><td>出票人名称</td><td colspan="2">广州白云电子有限公司</td><td rowspan="3">收款人</td><td>全称</td><td colspan="10">广州康成有限责任公司</td></tr>
<tr><td>出票人账号</td><td colspan="2">6230921030131252078</td><td>账号</td><td colspan="10">6222020000111222001</td></tr>
<tr><td>付款行全称</td><td colspan="2">农业银行白云区支行</td><td>开户银行</td><td colspan="10">工商银行新龙街支行</td></tr>
<tr><td rowspan="2">出票金额</td><td colspan="4" rowspan="2">人民币（大写）贰拾伍万玖仟玖佰元整</td><td>百</td><td>十</td><td>万</td><td>千</td><td>百</td><td>十</td><td>元</td><td>角</td><td>分</td></tr>
<tr><td>¥</td><td>2</td><td>5</td><td>9</td><td>9</td><td>0</td><td>0</td><td>0</td><td>0</td></tr>
<tr><td>汇票到期日（大写）</td><td colspan="2">贰零贰壹年零壹月零贰日</td><td rowspan="2">付款人</td><td>行号</td><td colspan="10">0120130090</td></tr>
<tr><td>承兑协议编号</td><td colspan="2">20201202382130 -9</td><td>地址</td><td colspan="10">广州市白云区白云大道 125 号</td></tr>
<tr><td colspan="2">本汇票请银行承兑，到期无条件付款
广州白云电子有限公司 财务专用章
吴小琴印</td><td colspan="3">本汇票已经承兑，到期日由本行付款
中国农业银行白云支行 220303356780 汇票专用章
备注：</td><td colspan="10">复核　张秋燕　　记账</td></tr>
</table>

此联由收款人开户行向承兑银行收取票款时作联行往来账付出传票

图 3-12　原始凭证 2

库存商品出库单

2020 年 12 月 2 日　　编号：39

序号	名称	规格	单位	出库数量	用途
1	甲产品		件	5 000	销售
2	乙产品		件	4 000	销售
合计				9 000	

②会计记账联

仓库保管员：廖军　　经办人：吴月明

图 3-13　原始凭证 3

经济业务 8：12 月 3 日，购买 A 材料，并收回银行汇票多余款项（如图 3-14、图 3-15、图 3-16、图 3-17、图 3-18 所示）（见经济业务 4）。

1403531370

广东增值税专用发票

抵扣联

No：11033251

开票日期：2020 年 12 月 3 日

税总函【2020】001 广州白云印刷有限公司

购买方	名称：广州康成有限责任公司 纳税人识别号：524400007792114319O 地址、电话：广州市黄埔区新龙路 130 号 020-82878000 开户行及账号：工商银行新龙街支行 6222020000111222001				密码区	（略）	
货物或应税劳务、服务名称	规格型号	单位	数量	单价	金额	税率	税额
A 材料	**	千克	10 000	10	100 000	13%	13 000
合计					¥100 000		¥13 000
价税合计（大写）	壹拾壹万叁仟元整				（小写）¥113 000		
销货方	名称：深圳电子有限公司 纳税人识别号：3133210173922353173 地址、电话：深圳市罗湖区罗湖路 130 号 0755-31313100 开户行及账号：工商银行罗湖区支行 6223021030121232037				备注	深圳电子有限公司 3133210173922353173 发票专用章	

收款人：　　复核：　　开票人：罗小和　　销售单位：（章）

第二联 抵扣联 购货方扣税凭证

图 3-14　原始凭证 1

1403531370

广东增值税专用发票

发票联

No：11033251

开票日期：2020 年 12 月 3 日

税总函【2020】001 广州白云印刷有限公司

购买方	名称：广州康成有限责任公司 纳税人识别号：524400007792114319O 地址、电话：广州市黄埔区新龙路 130 号 020-82878000 开户行及账号：工商银行新龙街支行 6222020000111222001				密码区	（略）	
货物或应税劳务、服务名称	规格型号	单位	数量	单价	金额	税率	税额
A 材料	**	千克	10 000	10	100 000	13%	13 000
合计					¥100 000		¥13 000
价税合计（大写）	壹拾壹万叁仟元整				（小写）¥113 000		
销货方	名称：深圳电子有限公司 纳税人识别号：3133210173922353173 地址、电话：深圳市罗湖区罗湖路 130 号 0755-31313100 开户行及账号：工商银行罗湖区支行 6223021030121232037				备注	深圳电子有限公司 3133210173922353173 发票专用章	

收款人：　　复核：　　开票人：罗小和　　销售单位：（章）

第三联 发票联 购货方记账凭证

图 3-15　原始凭证 2

1703631372

广东增值税专用发票

抵扣联

No：12036253

开票日期：2020 年 12 月 3 日

税总函〔2020〕001 广州白云印刷有限公司

购买方	名称：广州康成有限责任公司 纳税人识别号：524400077921143190 地址、电话：广州市黄埔区新龙路 130 号 020-82878000 开户行及账号：工商银行新龙街支行 6222020000111222001	密码区	（略）

货物或应税劳务、服务名称	规格型号	单位	数量	单价	金额	税率	税额
A 材料运输费	**	千克	10 000	0.1	1 000	9%	90
合计					¥1 000		¥90
价税合计（大写）	壹仟零玖拾元整				（小写）¥1 090		

销货方	名称：深圳大顺物流有限公司 纳税人识别号：513321018392234317 2 地址、电话：深圳市罗湖区罗湖路 20 号 0755-31312168 开户行及账号：工商银行罗湖区支行 6223121050121282017	备注	

收款人： 复核： 开票人：赵平安 销售单位：（章）

第二联 抵扣联 购货方扣税凭证

图 3-16 原始凭证 3

1703631372

广东增值税专用发票

发票联

No：12036253

开票日期：2020 年 12 月 3 日

税总函〔2020〕001 广州白云印刷有限公司

购买方	名称：广州康成有限责任公司 纳税人识别号：524400077921143190 地址、电话：广州市黄埔区新龙路 130 号 020-82878000 开户行及账号：工商银行新龙街支行 6222020000111222001	密码区	（略）

货物或应税劳务、服务名称	规格型号	单位	数量	单价	金额	税率	税额
A 材料运输费	**	千克	10 000	0.1	1 000	9%	90
合计					¥1 000		¥90
价税合计（大写）	壹仟零玖拾元整				（小写）¥1 090		

销货方	名称：深圳大顺物流有限公司 纳税人识别号：5133210183922343172 地址、电话：深圳市罗湖区罗湖路 20 号 0755-31312168 开户行及账号：工商银行罗湖区支行 6223121050121282017	备注	

收款人： 复核： 开票人：赵平安 销售单位：（章）

第三联 发票联 购货方记账凭证

图 3-17 原始凭证 4

付款期限 壹个月	中国工商银行 银行汇票（多余款收账通知）4	No：3383281

出票日期（大写）贰零贰零年拾贰月零叁日	代理付款行：工商银行罗湖区支行 282118
收款人：深圳大顺物流有限公司	账号：6223121050121282017
出票金额人民币（大写）壹拾伍万元整	
实际结算金额人民币（大写）壹拾壹万肆仟玖佰元整	
申请人：广州康成有限责任公司　　账号：6222020000111222001	
出票行：工商银行　　行号：130090	密押
备注：	多余金额
凭票付款 出票行签章	左列退回多余金额已收入你账户内

实际结算金额：

百	十	万	千	百	十	元	角	分
¥	1	1	4	0	9	0	0	0

多余金额：

千	百	十	万	千	百	十	元	角	分
		¥	3	5	9	1	0	0	0

中国工商银行
新龙街支行
2020.12.3
转

此联出票行结清多余款后交申请人

图 3-18　原始凭证 5

经济业务 9：12 月 3 日，A 材料验收入库（如图 3-19 所示）。

入　库　单

2020 年 12 月 3 日

类别	原材料		供应单位	深圳电子有限公司		
名称	型号	计量单位	数量	单价	金额	备注
A 材料		千克	10 000	10. 10	101 000	
合计			10 000		101 000	

保管：张一帆　　　　核算员：

图 3-19　原始凭证

经济业务 10：12 月 3 日，存出投资款，并购买股票（如图 3-20、图 3-21 所示）。

中国工商银行
现金支票存根

No：00003303

附加信息：

出票日期：2020 年 12 月 3 日

收款人：广州中信证券交易所	
金额：￥25 000.00	
用途：存出投资款	

单位主管：　　会计：陈英

图 3-20　原始凭证 1

成交过户交割凭证

客户名称：广州康成有限责任公司　　2020 年 12 月 3 日

证券代码：601668　　成交过户交割凭单　　卖	
股东代码：A667941912 电脑编号：35790 公司编号：130	成交证券：中国建筑 成交数量：5 000（股） 成效价格：4.10
申请编号：231 申报时间：10：30 成交时间：10：35	成交金额：20 500.00 标准佣金： 过户费用：
上次余额：0（股） 本次成交：5 000（股） 本次余额：0（股）	印花税：20.50 应付金额：20 520.50 附加费用：
实付金额：￥20 520.50	

广州中信证券交易所 业务专用章

图 3-21　原始凭证 2

经济业务 11：12 月 3 日，收到往来单位前欠货款（如图 3-22 所示）。

中国工商银行 **电汇凭证**（收款通知） （回单）

No3633813

普通　加急　委托日期 2020 年 12 月 3 日　　第 106 号

付款人	名称	广州市电子有限公司			收款人	名称	广州康成有限责任公司		
	账号	6223013135122632150				账号	6222020000111222001		
	汇出地点	广东省广州市	汇出行名称	工商银行天河区支行		汇入地点	广东省广州市	汇入行名称	工商银行新龙街支行

金额人民币（大写）伍拾万元整	百	十	万	千	百	十	元	角	分
	¥	5	0	0	0	0	0	0	0

上列款项请在本人账户内支付，并按照汇兑结算规定汇给收款人。 汇出行盖章	附加信息或用途：收回前欠的货款 复核　　记账

此联收款人的收账通知

图 3-22　原始凭证

经济业务 12：12 月 4 日，购入设计新产品专利技术（如图产 3-23、图 3-24、图 3-25、图 3-26 所示）。

2703631512　　广东增值税专用发票

抵扣联　　No：42046361

开票日期：2020 年 12 月 4 日

购买方	名称：广州康成有限责任公司 纳税人识别号：5244000077921143190 地址、电话：广州市黄埔区新龙路 130 号 020-82878000 开户行及账号：工商银行新龙街支行 6222020000111222001				密码区	（略）	
货物或应税劳务、服务名称	规格型号	单位	数量	单价	金额	税率	税额
专利技术			1		30 000	13%	3 900
合计					¥ 30 000		¥ 3 900
价税合计（大写）	叁万叁仟玖佰元整				（小写）¥ 33 900		
销货方	名称：广州科创技术有限公司 纳税人识别号：2139210173922353176 地址、电话：广州市黄埔区开创大道 168 号 020-21313111 开户行及账号：工商银行黄埔区支行 6222021030123232237				备注	2139210173922353176	

收款人：　　复核：　　开票人：张小凤　　销售单位：（章）

税总函〔2020〕001 广州白云印刷有限公司

第二联 抵扣联 购货方扣税凭证

图 3-23　原始凭证 1

税总函【2020】001 广州白云印刷有限公司

2703631512

广东增值税专用发票

发票联

No：42046361

开票日期：2020 年 12 月 4 日

购买方	名称：广州康成有限责任公司 纳税人识别号：524400007792114319 0 地址、电话：广州市黄埔区新龙路 130 号 020-82878000 开户行及账号：工商银行新龙街支行 6222020000111222001	密码区	（略）

货物或应税劳务、服务名称	规格型号	单位	数量	单价	金额	税率	税额
专利技术			1		30 000	13%	3 900
合计					¥30 000		¥3 900

价税合计（大写）	叁万叁仟玖佰元整	（小写）¥33900

销货方	名称：广州科创技术有限公司 纳税人识别号：213921017392235317 6 地址、电话：广州市黄埔区开创大道 168 号 020-21313111 开户行及账号：工商银行黄埔区支行 6222021030123232237	备注	广州科创技术有限公司 2139210173922353176 发票专用章

收款人：　　复核：　　开票人：张小凤　　销售单位：（章）

第三联 发票联 购货方记账凭证

图 3-24　原始凭证 2

入　库　单

2020 年 12 月 4 日

类别	原材料		供应单位	深圳电子有限公司		
名称	型号	计量单位	数量	单价	金额	备注
专利技术			1		30 000	
合计			1		30 000	

保管：张一帆　　　　核算员：

图 3-25　原始凭证 3

中国工商银行
现金支票存根

No：00103304

附加信息：

出票日期：2020 年 12 月 4 日

收款人：广州科创技术有限公司	
金额：￥33 900. 00	
用途：购买专利技术	

单位主管：　　　　会计：陈英

图 3-26　原始凭证 4

经济业务 13：12 月 4 日，购买 B 材料并验收入库，款未付（如图 3-27、图 3-28、图 3-29 所示）。

1703621513　　　　**广东增值税专用发票**

抵扣联

No：12046266

开票日期：2020 年 12 月 4 日

税总函【2020】001 广州白云印刷有限公司

购买方	名称：广州康成有限责任公司 纳税人识别号：524400007792114319 0 地址、电话：广州市黄埔区新龙路 130 号 020-82878000 开户行及账号：工商银行新龙街支行 6222020000111222001				密码区	（略）	
货物或应税劳务、服务名称	规格型号	单位	数量	单价	金额	税率	税额
B 材料	**	千克	3 000	8	24 000	13%	3 120
合计					￥24 000		￥3 120
价税合计（大写）	贰万柒仟壹佰贰拾元整				（小写）￥27 120		
销货方	名称：深圳电子有限公司 纳税人识别号：313321017392235317 3 地址、电话：深圳市罗湖区罗湖路 130 号 0755-31313100 开户行及账号：工商银行罗湖区支行 6223021030121232037				备注	深圳电子有限公司 313321017392235317 3 发票专用章	

第二联　抵扣联　购货方扣税凭证

收款人：　　　复核：　　　开票人：罗小和　　　销售单位：（章）

图 3-27　原始凭证 1

1703621513 **广东增值税专用发票**

发票联

No：12046266

开票日期：2020 年 12 月 4 日

税总函〔2020〕001 广州白云印刷有限公司

购买方	名称：广州康成有限责任公司 纳税人识别号：5244000077921143190 地址、电话：广州市黄埔区新龙路 130 号 020-82878000 开户行及账号：工商银行新龙街支行 6222020000111222001					密码区	（略）
货物或应税劳务、服务名称	规格型号	单位	数量	单价	金额	税率	税额
B 材料	**	千克	3 000	8	24 000	13%	3 120
合计					￥24 000		￥3 120
价税合计（大写）	贰万柒仟壹佰贰拾元整				（小写）￥27 120		
销货方	名称：深圳电子有限公司 纳税人识别号：3133210173922353173 地址、电话：深圳市罗湖区罗湖路 130 号 0755-31313100 开户行及账号：工商银行罗湖区支行 6223021030121232037					备注	

收款人： 复核： 开票人：罗小和 销售单位：（章）

第三联 发票联 购货方记账凭证

图 3-28 原始凭证 2

入 库 单

2020 年 12 月 4 日

类别	原材料		供应单位	深圳电子有限公司		
名称	型号	计量单位	数量	单价	金额	备注
B 材料		千克	3 000	8	24 000	
合计			3 000		24 000	

保管：张一帆 核算员：

图 3-29 原始凭证 3

经济业务 14：12 月 4 日，办公室职员赵一山预借差旅费（如图 3-30 所示）。

借　款　单　（记账）

2020 年 12 月 4 日　　　　顺序第 20 号

借款单位	办公室	姓名	赵一山	职务	经理	出差地点	深圳
						天数	3
事由	开会	借款金额	人民币（大写）叁仟元整（小写）¥ 3 000.00				
借款人签章	赵一山	注意事项	一、由借款人填写； 二、凡借用公款必须使用本单据； 三、第三联为正式借据由借款人和单位负责人签章； 四、出差返回后十日内结算。				
财务负责人审核	谭景新	审核意见	同意。　现金付讫　李明月 2020 年 12 月 4 日				

图 3-30　原始凭证

经济业务 15：12 月 4 日，开出转账支票购买 A 材料并验收入库（如图 3-31、图 3-32、图 3-33、图 3-34 所示）。

中国工商银行
转账支票存根

No：01103618

附加信息：

出票日期：2020 年 12 月 4 日

收款人：深圳电子有限公司
金额：¥28 250.00
用途：付 A 材料款

单位主管：　　　　会计：陈英

图 3-31　原始凭证 1

第三部分　会计综合应用能力训练资料

1703621513　　广东增值税专用发票

抵扣联　　No：12046268

开票日期：2020 年 12 月 4 日

税总函〔2020〕001 广州白云印刷有限公司

购买方	名称：广州康成有限责任公司 纳税人识别号：5244000077921143190 地址、电话：广州市黄埔区新龙路 130 号 020-82878000 开户行及账号：工商银行新龙街支行 6222020000111222001				密码区	（略）	
货物或应税劳务、服务名称	规格型号	单位	数量	单价	金额	税率	税额
A 材料	**	千克	2 500	10	25 000	13%	3 250
合计					¥25 000		¥3 250
价税合计（大写）	贰万捌仟贰佰伍拾元整				（小写）¥ 28 250		
销货方	名称：深圳电子有限公司 纳税人识别号：3133210173922353173 地址、电话：深圳市罗湖区罗湖路 130 号 0755-31313100 开户行及账号：工商银行罗湖区支行 6223021030121232037				备注		

收款人：　　复核：　　开票人：罗小和　　销售单位：（章）

第二联 抵扣联 购货方扣税凭证

图 3-32　原始凭证 2

1703621513　　广东增值税专用发票

发票联　　No：12046268

开票日期：2020 年 12 月 4 日

税总函〔2020〕001 广州白云印刷有限公司

购买方	名称：广州康成有限责任公司 纳税人识别号：5244000077921143190 地址、电话：广州市黄埔区新龙路 130 号 020-82878000 开户行及账号：工商银行新龙街支行 6222020000111222001				密码区	（略）	
货物或应税劳务、服务名称	规格型号	单位	数量	单价	金额	税率	税额
A 材料	**	千克	2 500	10	25 000	13%	3 250
合计					¥25 000		¥3 250
价税合计（大写）	贰万捌仟贰佰伍拾元整				（小写）¥28 250		
销货方	名称：深圳电子有限公司 纳税人识别号：3133210173922353173 地址、电话：深圳市罗湖区罗湖路 130 号 0755-31313100 开户行及账号：工商银行罗湖区支行 6223021030121232037				备注		

收款人：　　复核：　　开票人：罗小和　　销售单位：（章）

第三联 发票联 购货方记账凭证

图 3-33　原始凭证 3

入 库 单

2020 年 12 月 4 日

类别	原材料		供应单位	深圳电子有限公司		
名称	型号	计量单位	数量	单价	金额	备注
A 材料		千克	2 500	10	25 000	
合计			2 500		25 000	

保管：张一帆　　　　　　　　　　　　　　　　　　核算员：

图 3-34　原始凭证 4

经济业务 16：12 月 7 日，甲、乙产品完工验收入库（如图 3-35 所示）。

库存商品入库单

2020 年 12 月 7 日

编号	名称及规格	计量单位	入库数量	备注
01	甲产品	件	5 000	产品完工入库
02	乙产品	件	3 000	产品完工入库
合计			8 000	

保管：张一帆　　　　　　　　创库验收：张小基　　　　　　　　经办人：李小同

图 3-35　原始凭证

经济业务 17：12 月 7 日，在证券交易所卖出“中国建筑”股票（如图 3-36、图 3-37所示）。

成交过户交割凭证

客户名称：广州康成有限责任公司　　　　　　　　2020 年 12 月 7 日

证券代码：601668　　成交过户交割凭单	卖
股东代码：A667941912 电脑编号：35790 公司编号：130	成交证券：中国建筑 成交数量：5 000（股） 成效价格：5.10
申请编号：330 申报时间：10：00 成交时间：10：05	成交金额：25 500.00 标准佣金：38.25 过户费用：
上次余额：5 000（股） 本次成交：5 000（股） 本次余额：0（股）	印花税：25.50 应收金额： 附加费用：
实收金额：￥25 436.25	

广州中信证券交易所 业务专用章

图 3-36　原始凭证 1

中国工商银行 （收款通知） （回单）

No3632810

委托日期 2020 年 12 月 7 日 第 188 号

付款人	名称	广州中信证券交易所			收款人	名称	广州康成有限责任公司				
	账号	6223016135122632156				账号	6222020000111222001				
	汇出地点	广东省广州市	汇出行名称	工商银行天河区支行		汇入地点	广东省广州市	汇入行名称	工商银行新龙街支行		

金额	百	十	万	千	百	十	元	角	分
金额人民币（大写）贰万伍仟肆佰叁拾陆元贰角伍分		¥	2	5	4	3	6	2	5

汇款用途：出售股票款

中国工商银行 新龙街支行 2020.12.7 转讫

科目（借）________

对方科目（贷）________

复核 记账

此联收款人开户行在款项收妥后给收款人的收账通知

图 3-37 原始凭证 2

经济业务 18：12 月 7 日，支付办公楼第一期工程款（如图 3-38、图 3-39、图 3-40 所示）。

1903621510

广东增值税专用发票

抵扣联

No：32046261

开票日期：2020 年 12 月 7 日

购买方	名称：广州康成有限责任公司 纳税人识别号：5244000077921143190 地址、电话：广州市黄埔区新龙路 130 号 020-82878000 开户行及账号：工商银行新龙街支行 6222020000111222001					密码区	（略）	
货物或应税劳务、服务名称	规格型号	单位	数量	单价	金额	税率	税额	
支付办公楼工程款	**	**	**	**	300 000	9%	27 000	
合计					¥300 000		¥27 000	
价税合计（大写）	叁拾贰万柒仟元整				（小写）¥327 000			
销货方	名称：广州市第一建筑有限公司 纳税人识别号：5133210183923353179 地址、电话：广州市天河区天河路 139 号 020-31313133 开户行及账号：工商银行天河区支行 6223013035121632130					备注	广州第一建筑有限公司 5133210183923353179 发票专用章	

收款人： 复核： 开票人：张小天 销售单位：（章）

税总函【2020】001 广州白云印刷有限公司

第二联 抵扣联 购货方扣税凭证

图 3-38 原始凭证 1

1903621510

广东增值税专用发票

发票联

No：32046261

开票日期：2020 年 12 月 7 日

税总函〔2020〕001 广州白云印刷有限公司

购买方	名称：广州康成有限责任公司 纳税人识别号：524400007792114319O 地址、电话：广州市黄埔区新龙路 130 号 020-82878000 开户行及账号：工商银行新龙街支行 6222020000111222001				密码区	（略）		
货物或应税劳务、服务名称	规格型号	单位	数量	单价	金额	税率	税额	
支付办公楼工程款	**	**	**	**	300 000	9%	27 000	
合计					¥300 000		¥27 000	
价税合计（大写）	叁拾贰万柒仟元整				（小写）¥327 000			
销货方	名称：广州市第一建筑有限公司 纳税人识别号：5133210183923353179 地址、电话：广州市天河区天河路 139 号 020-31313133 开户行及账号：工商银行天河区支行 6223013035121632130				备注			

收款人：　　复核：　　开票人：张小天　　销售单位：（章）

第三联 发票联 购货方记账凭证

（印章：广州第一建筑有限公司 5133210183923353179 发票专用章；全国统一发票监制章 国家税务总局监制）

图 3-39　原始凭证 2

托收凭证(付款通知)　　5

委托日期 2020 年 12 月 7 日　　付款日期 2020 年 12 月 7 日

业务类型	委托收款（ 邮划 电划） 托收承付（ 邮划 电划）				
付款人	名称	广州康成有限责任公司	收款人	名称	广州市第一建筑有限公司
付款人	账号	6222020000111222001	收款人	账号	6223013035121632130
付款人	地址	广州市黄埔区新龙路 130 号	收款人	地址	广州市天河区天河路 139 号

金额	百	十	万	千	百	十	元	角	分
人民币（大写）叁拾贰万柒仟元整	¥	3	2	7	0	0	0	0	0

款项内容	建造办公楼工程款	托收凭据名称		附寄单张数	1 张
商品发运情况		合同名称号码			
付款人开户银行收到日期 2020 年 12 月 7 日	付款人开户银行签章 2020 年 12 月 7 日	付款人注意： 1．根据支付结算办法，上列委托收款（托收承付）款项在付款期限内未提出拒付，即视为同意付款，以此代付款通知。 2．如需提出全部或部分拒付，应在规定期限内，将拒付理由书并附债务证明退交开户银行。			

（印章：中国工商银行 新龙街支行 2020.12.7 转讫）

此联付款人开户银行给付款人按期付款通知

图 3-40　原始凭证 3

经济业务19：12月7日，基本生产车间领用生产甲、乙产品的原材料（如图3-41、图3-42、图3-43所示）。

领 料 单

2020年12月7日

领用部门	基本生产车间		用途	生产甲产品	
名称型号		计量单位	申领数量	实发数量	单价	金额
A材料		千克	5 000	5 000		
B材料		千克	2 000	2 000		
合计			7 000	7 000		

②会计记账联

保管：张一帆　　　　领用人：李飞雪

图3-41　原始凭证1

领 料 单

2020年12月7日

领用部门	基本生产车间		用途	生产乙产品	
名称型号		计量单位	申领数量	实发数量	单价	金额
A材料		千克	2 000	2 000		
B材料		千克	1 000	1 000		
合计			3 000	3 000		

②会计记账联

保管：张一帆　　　　领用人：李飞雪

图3-42　原始凭证2

包装物、低值易耗品出库单

领用部门：车间管理部门　　　　2020年12月7日　　　　编号：30

编号	名称	规格	计量单位	出库数量	单价	总成本
001	甲产品包装箱		件	5 000		
002	乙产品包装箱		件	3 000		
合计				8 000		

②会计记账联

保管：张一帆　　　　领用人：李飞雪

图3-43　原始凭证3

经济业务 20：12 月 7 日，偿还前欠购买 B 材料的货款（如图 3-44 所示）。

中国工商银行 **电汇凭证**(付款通知) (回单) 5

普通　　加急　　委托日期 2020 年 12 月 7 日

付款人	名称	广州康成有限责任公司	收款人	名称	深圳电子有限公司
	账号	6222020000111222001		账号	3133210173922353173
	汇出地点	广州市黄埔区新龙路 130 号		汇入地点	深圳市罗湖区罗湖路 130 号
汇出行名称:		中国工商银行天河支行	汇入行名称		工商银行罗湖区支行

金额	百	十	万	千	百	十	元	角	分
人民币（大写）贰万柒仟壹佰贰拾元整		¥	2	7	1	2	0	0	0

汇出行签章	支付密码 附加信息及用途：支付 B 材料欠款 复核:　　记账:

此联汇出行给汇款人的回单

图 3-44　原始凭证

经济业务 21：12 月 7 日，预收销售甲乙产品的货款（如图 3-45、图 3-46 所示）。

购销合同书

2020 年 12 月 7 日　　合同编号：186

名称	广州市电子有限公司			名称	广州康成有限责任公司	
地址及电话	广州市天河区天河路 139 号 020-31313133			地址及电话	广州市黄埔区新龙路 130 号 020-82878000	
开户行及账号	工商银行天河区支行 6223013135122632150			开户行及账号	工商银行新龙街支行 6222020000111222001	
品名	型号及规格	单位	数量	单价	金额	税额（13%）
甲产品		件	5 000	30	150 000	19 500
乙产品		件	3 000	20	60 000	7 800
合计（大写）贰拾叁万柒仟叁佰元整			（小写）￥237 300		210 000	27 300

合同条款：

1. 交货日期及方式：预付款 80%（￥189 840.00）到账后 3 天内发货。
2. 结算方式：信汇。
3. 质量保证：质量不合格 3 个月内可退货。
4. 违约责任：购货方货到 3 天内付清尾款，未如期付款，每月按货款及税价总额 6%支付罚金，销货方不能如期供货将按货款 30%补付对方。

购货方：　　销货方：

购货方代表签名：陈家永　　销货方代表签名：李小同

图 3-45　原始凭证 1

中国工商银行　电汇凭证（收账通知）（回单）

No3632810

普通　加急　委托日期 2020 年 12 月 7 日　第 189 号

付款人	名称	广州市电子有限公司			收款人	名称	广州康成有限责任公司		
	账号	6223013135122632150				账号	6222020000111222001		
	汇出地点	广东省广州市	汇出行名称	工商银行天河区支行		汇入地点	广东省广州市	汇入行名称	工商银行新龙街支行

金额	百	十	万	千	百	十	元	角	分
人民币（大写）壹拾捌万玖仟捌佰肆拾元整	¥	1	8	9	8	4	0	0	0

中国工商银行新龙街支行 2020.12.7 转讫 上列款项请在本人账户内支付，并按照汇兑结算规定汇给收款人。 汇出行盖章	支付密码： 附加信息或用途：购货预付款 复核　　记账

此联收款人的收账通知

图 3-46　原始凭证 2

经济业务 22：12 月 8 日，购买办公用品（如图 3-47、图 3-48、图 3-49、图 3-50 所示）。

1902651612

广东增值税专用发票

抵扣联

No：22036276

开票日期：2020 年 12 月 8 日

税总函〔2020〕001 广州白云印刷有限公司

购买方	名称：广州康成有限责任公司 纳税人识别号：524400007792114319O 地址、电话：广州市黄埔区新龙路 130 号 020-82878000 开户行及账号：工商银行新龙街支行 6222020000111222001				密码区	（略）	
货物或应税劳务、服务名称	规格型号	单位	数量	单价	金额	税率	税额
打印纸	A4	包	150	20	3 000	13%	390
签字笔		支	100	2	200	13%	26
合计					¥3 200		¥416
价税合计（大写）	叁仟陆佰壹拾陆元整				（小写）¥3 616		
销货方	名称：广州市天河百货商场 纳税人识别号：513421017398339313 6 地址、电话：广州市天河区天河 北路 236 号 020-21212121 开户行及账号：工商银行天河区支行 6223043015323632538				备注	广州市天河百货商场 513421017398339313 6 发票专用章	

收款人：　复核：　开票人：冯琼琼　销售单位：（章）

第二联　抵扣联　购货方扣税凭证

图 3-47　原始凭证 1

1902651612　　**广东增值税专用发票**

发票联

No：22036276

开票日期：2020 年 12 月 8 日

税总函【2020】001 广州白云印刷有限公司

购买方	名称：广州康成有限责任公司 纳税人识别号：524400007792114319O 地址、电话：广州市黄埔区新龙路 130 号 020-82878000 开户行及账号：工商银行新龙街支行 6222020000111222001				密码区	（略）	
货物或应税劳务、服务名称	规格型号	单位	数量	单价	金额	税率	税额
打印纸	A4	包	150	20	3 000	13%	390
签字笔		支	100	2	200	13%	26
合计					￥3 200		￥416
价税合计（大写）	叁仟陆佰壹拾陆元整				（小写）￥3 616		
销货方	名称：广州市天河百货商场 纳税人识别号：513421017398339313 6 地址、电话：广州市天河区天河北路 236 号 020-21212121 开户行及账号：工商银行天河区支行 6223043015323632538				备注		

收款人：　　复核：　　开票人：冯琼琼　　销售单位：（章）

第三联 发票联 购货方记账凭证

图 3-48　原始凭证 2

中国工商银行

转账支票存根

No：01103633

附加信息：

出票日期：2020 年 12 月 8 日

收款人：广州市天河百货商场
金额：￥3 616.00
用途：购买办公用品

单位主管：　　会计：陈英

图 3-49　原始凭证 3

办公用品领用单

2020 年 12 月 8 日

领用车间、部门	领用数量		金额
	打印纸	签字笔	
行政管理部门	60	40	1 280
采购部	45	30	960
销售部	45	30	960
合计	150	100	3 200

制表人：刘小丽　　　　经办人：李小同

图 3-50　原始凭证 4

经济业务 23：12 月 8 日，向广州市电子有限公司发出商品（如图 3-51、图 3-52 所示）（注：与经济业务 26 有关）。

1303632580　　广东增值税专用发票

此联不作报销、扣税凭证使用　　No：21033251

开票日期：2020 年 12 月 8 日

购买方	名称：广州市电子有限公司 纳税人识别号：3213214178721354769 地址、电话：广州市天河区天河路 139 号 020-31313133 开户行及账号：工商银行天河区支行 6223013135122632150				密码区	（略）	
货物或应税劳务、服务名称	规格型号	单位	数量	单价	金额	税率	税额
甲产品		件	5 000	30	150 000	13%	19 500
乙产品		件	3 000	20	60 000	13%	7 800
合计					¥210 000		¥27 300
价税合计（大写）	贰拾叁万柒仟叁佰元整				（小写）¥237 300		
销货方	名称：广州康成有限责任公司 纳税人识别号：5244000077921143190 地址、电话：广州市黄埔区新龙路 130 号 020-82878000 开户行及账号：工商银行新龙街支行 6222020000111222001				备注	5244000077921143190 发票专用章	

收款人：　　复核：　　开票人：陈英　　销售单位：（章）

税总函［2020］001 广州白云印刷有限公司

第一联　记账联　销货方记账凭证

图 3-51　原始凭证 1

库存商品出库单

2020 年 12 月 8 日　　　　　　　　　　　　　　　　编号：40

编号	名称	规格	单位	出库数量	用途
01	甲产品		件	5 000	销售
02	乙产品		件	3 000	销售
合计				8 000	

②会计记账联

仓库保管员：廖军　　　　　　　　　　　　　　　　经办人：吴月明

图 3-52　原始凭证 2

经济业务 24：12 月 8 日，向武汉捐赠疫后修缮款（如图 3-53、图 3-54 所示）。

收　　据

2020 年 12 月 8 日

今收到：广州康成有限责任公司

交来 捐赠疫后修缮款

合计人民币 贰万元整　　　　¥：20 000.00

武汉市红十字会抗疫委员会 财务专用章

开票单位（公章）　　　　会计：莫华清　　　　收款人：范聪

第二联交款凭证

图 3-53　原始凭证 1

中国工商银行

转账支票存根

No：01103634

附加信息：

出票日期：2020 年 12 月 8 日

收款人：武汉市红十字会抗疫委员会	
金额：¥20 000.00	
用途：捐赠疫后修缮款	

单位主管：　　　　会计：陈英

图 3-54　原始凭证 2

经济业务 25：12 月 8 日，收到广州市电子有限公司尾款（如图 3-55 所示）（注：与经济业务 29 有关）。

中国工商银行　**电汇凭证**（收款通知）　（回单）

No3632812

普通　加急　委托日期 2020 年 12 月 8 日　第 190 号

付款人	名称	广州市电子有限公司			收款人	名称	广州康成有限责任公司			
	账号	6223013135122632150				账号	6222020000111222001			
	汇出地点	广东省广州市	汇出行名称	工商银行天河区支行		汇入地点	广东省广州市	汇入行名称	工商银行新龙街支行	

金额人民币（大写）肆万柒仟肆佰陆拾元整	百	十	万	千	百	十	元	角	分
		¥	4	7	4	6	0	0	0

上列款项请在本人账户内支付，并按照汇兑结算规定汇给收款人。 汇出行盖章 （中国工商银行 新龙街支行 2020.12.8 转讫）	支付密码： 附加信息或用途：支付购货尾款 复核　　记账

此联收收款人的收账通知

图 3-55　原始凭证

经济业务 26：12 月 8 日，发放 11 月份工资（如图 3-56、图 3-57 所示）。

中国工商银行
转账支票存根

No：01103635

附加信息：

出票日期：2020 年 12 月 8 日

收款人：
金额：¥207 780.00
用途：发放 11 月工资

单位主管：　　会计：陈英

图 3-56　原始凭证 1

工资结算单

2020 年 11 月　　　　单位：元

部门＼薪酬	应发合计	社会保险（12%）	公积金（8%）	工会经费（2%）	职工教育经费（8%）	合计	个人代扣项				实发合计
							社会保险（8%）	公积金（8%）	个人所得税	合计	
基本生产车间	100 000	12 000	8 000	2 000	8 000	130 000	8 000	8 000	10 000	26 000	74 000
车间管理部门	80 000	9 600	6 400	1 600	6 400	104 000	6 400	6 400	8 000	20 800	59 200
行政管理部门	30 000	3 600	2 400	600	2 400	39 000	2 400	2 400	900	5 700	24 300
销售部门	40 000	4 800	3 200	800	3 200	52 000	3 200	3 200	120	6 520	33 480
财务部门	20 000	2 400	1 600	400	1 600	26 000	1 600	1 600	0	3 200	16 800
合计	270 000	32 400	21 600	5 400	21 600	351 000	21 600	21 600	19 020	62 220	207 780

制表人：陈英

图 3-57　原始凭证 2

经济业务 27：缴纳上月增值税、城市维护建设税、教育费附加及个税等（如图 3-58、图 3-59、图 3-60 所示）。

广东省税库行横向联网电子缴税（费）凭证

征收机关：黄埔区国税局　　　　税务

收款国库：黄埔区中心支库　　填发日期：20201209　　电子缴税号：331235121877121

纳税人识别号：524400007792114319O　　纳税人账户名称：广州康成有限责任公司

纳税人名称：广州康成有限责任公司　　纳税人账号：6222020000111222001

税款限缴期：20201215　　纳税人开户银行：工商银行新龙街支行

缴款书交易号	预算科目代码	预算级次	税（费）种科目	金额
00012121331	222104	市级	城市维护建设税——市区（增值税附征）	¥4 270.00
00012121332	222108	市级	教育费附加——增值税附征	¥1 830.00
00012121333	222109	市级	地方教育附加——增值税附征	¥6 10.00
00012121334	222103	市级	印花税——购销合同	¥105.00

纳税金额合计（大写）人民币陆仟捌佰壹拾伍元整　　（小写）¥6 815.00

上列款项已划缴：　扣缴日期：20201209

税款所属期：20201101-20201130　　银行盖章：　　经办人：

中国工商银行 新龙街支行 2020.12.9

打印次数：1　　打印日期：20201209

图 3-58　原始凭证 1

广东省税库行横向联网电子缴税（费）凭证

征收机关：黄埔区国税局　　　　　　　　　　　　　　　　　税务

收款国库：黄埔区中心支库　　填发日期：20201209　　电子缴税号：331235121877122

纳税人识别号：5244000077921143190	纳税人账户名称：广州康成有限责任公司
纳税人名称：广州康成有限责任公司	纳税人账号：6222020000111222001
税款限缴期：20201215	纳税人开户银行：工商银行新龙街支行

缴款书交易号	预算科目代码	预算级次	税（费）种科目	金额
00012121335	222106	共享	个人所得税——工资薪金	￥19 020

纳税金额合计（大写）人民币壹万玖仟零贰拾元零整　　　　（小写）￥19 020

上列款项已划缴：　　扣缴日期：20201209

税款所属期：20201101-20201130　　　　银行盖章：　　　经办人：

（印章：中国工商银行 新龙街支行 2020.12.9 转讫）

图 3-59　原始凭证 2

广东省税库行横向联网电子缴税（费）凭证

征收机关：黄埔区国税局　　　　　　　　　　　　　　　　　税务

收款国库：黄埔区中心支库　　填发日期：20201209　　电子缴税号：331235121877123

纳税人识别号：5244000077921143190	纳税人账户名称：广州康成有限责任公司
纳税人名称：广州康成有限责任公司	纳税人账号：6222020000111222001
税款限缴期：20201215	纳税人开户银行：工商银行新龙街支行

缴款书交易号	预算科目代码	预算级次	税（费）种科目	金额
400121213360	222107	共享	增值税	￥61 000.00

纳税金额合计（大写）人民币陆万壹仟元整　　　　（小写）￥61 000.00

上列款项已划缴：　　扣缴日期：20201209

税款所属期：20201101-20201130　　　　银行盖章：　　　经办人：

（印章：中国工商银行 新龙街支行 2020.12.9 转讫）

图 3-60　原始凭证 3

经济业务 28：12 月 9 日，缴纳上月社会保险费（如图 3-61 所示）。

广东省税库行横向联网电子缴税（费）凭证

征收机关：黄埔区国税局　　　　　　　　　　　　　　　　税务

收款国库：黄埔区中心支库　　填发日期：20201209　　电子缴税号：331235121877124

纳税人识别号：524400077921143190			纳税人账户名称：广州康成有限责任公司	
纳税人名称：广州康成有限责任公司			纳税人账号：6222020000111222001	
税款限缴期：20201215			纳税人开户银行：工商银行新龙街支行	
缴款书交易号	预算科目代码	预算级次	税（费）种科目	金额
00012121336	1002	省级	基本养老保险——单位	￥27 000
00012121337	1002	省级	基本养老保险——个人	￥21 600
纳税金额合计（大写）人民币肆万捌仟陆佰元整			（小写）￥48 600	
上列款项已划缴：　扣缴日期：20201209				
税款所属期：20201101-20201130			银行盖章：　　经办人：	

中国工商银行新龙街支行 2020.12.9 转讫

图 3-61　原始凭证

经济业务 29：12 月 9 日，缴纳上月工会经费（如图 3-62 所示）。

广东省税库行横向联网电子缴税（费）凭证

征收机关：黄埔区国税局　　　　　　　　　　　　　　　　税务

收款国库：黄埔区中心支库　　填发日期：20201209　　电子缴税号：331235121877125

纳税人识别号：524400077921143190			纳税人账户名称：广州康成有限责任公司	
纳税人名称：广州康成有限责任公司			纳税人账号：6222020000111222001	
税款限缴期：20201215			纳税人开户银行：工商银行新龙街支行	
缴款书交易号	预算科目代码	预算级次	税（费）种科目	金额
00012121344	1020701	市级	工会经费——地方工会	￥5 400
纳税金额合计（大写）人民币伍仟肆佰元整			（小写）￥5 400	
上列款项已划缴：　扣缴日期：20201209				
税款所属期：20201101-20201130			银行盖章：　　经办人：	

中国工商银行新龙街支行 2020.12.9 转讫

图 3-62　原始凭证

经济业务 30：12 月 9 日，缴纳住房公积金（如图 3-63 所示）。

住房公积金汇缴单

2020 年 12 月 9 日

<table>
<tr><td colspan="2">单位名称</td><td colspan="4">广州康成有限责任公司</td><td colspan="2">汇缴月份：2020 年 11 月</td></tr>
<tr><td colspan="2">单位账号</td><td colspan="4">6222020000111222001</td><td colspan="2">汇缴人数：30 人</td></tr>
<tr><td colspan="3">开户行</td><td colspan="3">存款日期</td><td colspan="2">支票号码</td></tr>
<tr><td colspan="3">中国工商银行新龙街支行</td><td colspan="3">2020 年 12 月 11 日</td><td colspan="2"></td></tr>
<tr><td colspan="6">金额人民币（大写）肆万叁仟贰佰元整</td><td colspan="2">百 十 万 千 百 十 元 角 分
¥ 4 3 2 0 0 0 0</td></tr>
<tr><td colspan="2">上月汇缴</td><td colspan="2">本月增加汇缴</td><td colspan="2">本月减少汇缴</td><td colspan="2">本月汇缴</td></tr>
<tr><td>人数</td><td>金额</td><td>人数</td><td>金额</td><td>人数</td><td>金额</td><td>人数</td><td>金额</td></tr>
<tr><td></td><td></td><td></td><td></td><td></td><td></td><td></td><td></td></tr>
</table>

注：企业与职工各负担 50%

图 3-63　原始凭证

经济业务 31：12 月 11 日，甲乙产品完工验收入库（如图 3-64 所示）。

库存商品入库单

2020 年 12 月 11 日

编号	名称及规格	计量单位	入库数量	备注
01	甲产品	件	10 000	产品完工入库
02	乙产品	件	5 000	产品完工入库
合计			15 000	

保管：张一帆　　　　创库验收：张小基　　　　经办人：李小同

图 3-64　原始凭证

经济业务 32：12 月 11 日，购买 A 材料，并验收入库（如图 3-65、图 3-66、图 3-67、图 3-68 所示）。

1703621513

广东增值税专用发票

抵扣联

No：12046289

开票日期：2020 年 12 月 11 日

税总函〔2020〕001 广州白云印刷有限公司

购买方	名称：广州康成有限责任公司 纳税人识别号：524400077921143190 地址、电话：广州市黄埔区新龙路 130 号 020-82878000 开户行及账号：工商银行新龙街支行 6222020000111222001				密码区	（略）	
货物或应税劳务、服务名称	规格型号	单位	数量	单价	金额	税率	税额
A 材料	**	千克	5 000	10	50 000	13%	6 500
合计					￥50 000		￥6 500
价税合计（大写）	伍万陆仟伍佰元整				（小写）￥56 500		
销货方	名称：深圳电子有限公司 纳税人识别号：313321017392235317 3 地址、电话：深圳市罗湖区罗湖路 130 号 0755-31313100 开户行及账号：工商银行罗湖区支行 6223021030121232037				备注		

第二联 抵扣联 购货方扣税凭证

收款人：　复核：　开票人：罗小和　销售单位：（章）

（印章：深圳电子有限公司 313321017392235317 3 发票专用章）

图 3-65　原始凭证 1

1703621513

广东增值税专用发票

发票联

No：12046289

开票日期：2020 年 12 月 11 日

税总函〔2020〕001 广州白云印刷有限公司

购买方	名称：广州康成有限责任公司 纳税人识别号：524400077921143190 地址、电话：广州市黄埔区新龙路 130 号 020-82878000 开户行及账号：工商银行新龙街支行 6222020000111222001				密码区	（略）	
货物或应税劳务、服务名称	规格型号	单位	数量	单价	金额	税率	税额
A 材料	**	千克	5 000	10	50 000	13%	6 500
合计					￥50 000		￥6 500
价税合计（大写）	伍万陆仟伍佰元整				（小写）￥56 500		
销货方	名称：深圳电子有限公司 纳税人识别号：313321017392235317 3 地址、电话：深圳市罗湖区罗湖路 130 号 0755-31313100 开户行及账号：工商银行罗湖区支行 6223021030121232037				备注		

第三联 发票联 购货方记账凭证

收款人：　复核：　开票人：罗小和　销售单位：（章）

（印章：深圳电子有限公司 313321017392235317 3 发票专用章）

图 3-66　原始凭证 2

银行承兑汇票（存根）　4　　　　No：0083381

签发日期（大写）贰零贰零年拾贰月壹拾壹日

<table>
<tr><td>出票人名称</td><td>广州康成有限责任公司</td><td rowspan="3">收款人</td><td>全称</td><td colspan="9">深圳电子有限公司</td><td rowspan="8">此联出票人存查</td></tr>
<tr><td>出票人账号</td><td>6222020000111222001</td><td>账号</td><td colspan="9">6223021030121232037</td></tr>
<tr><td>付款行全称</td><td>工商银行新龙街支行</td><td>开户银行</td><td colspan="9">工商银行罗湖区支行</td></tr>
<tr><td rowspan="2">出票金额</td><td rowspan="2" colspan="3">人民币（大写）伍万陆仟伍佰元整</td><td>百</td><td>十</td><td>万</td><td>千</td><td>百</td><td>十</td><td>元</td><td>角</td><td>分</td></tr>
<tr><td></td><td>¥</td><td>5</td><td>6</td><td>5</td><td>0</td><td>0</td><td>0</td><td>0</td></tr>
<tr><td>汇票到期日（大写）</td><td>贰零贰壹年零壹月壹拾壹日</td><td rowspan="2">付款人</td><td>行号</td><td colspan="9">130090</td></tr>
<tr><td rowspan="2">承兑协议编号</td><td rowspan="2">20201211392136-18</td><td>地址</td><td colspan="9">广州市黄埔区新龙路 130 号</td></tr>
<tr><td></td><td></td><td colspan="9"></td></tr>
<tr><td colspan="4">备注：购买材料</td><td colspan="9">负责：　　经办：张春凤</td></tr>
</table>

图 3-67　原始凭证 3

入　库　单

2020 年 12 月 11 日

类别	原材料		供应单位	深圳电子有限公司		
名称	型号	计量单位	数量	单价	金额	备注
A 材料		千克	5 000	10	50 000	
合计			5 000		50 000	

保管：张一帆　　　　核算员：

图 3-68　原始凭证 4

经济业务 33：12 月 11 日，购入生产用机器设备一台，直接交付使用（如图 3-69、图 3-70、图 3-71、图 3-72、图 3-73 所示）。

1713623512　　**广东增值税专用发票**

抵扣联

No：32046284

开票日期：2020 年 12 月 11 日

税总函〔2020〕001 广州白云印刷有限公司

购买方	名称：广州康成有限责任公司 纳税人识别号：5244000077921143190 地址、电话：广州市黄埔区新龙路 130 号 020-82878000 开户行及账号：工商银行新龙街支行 6222020000111222001				密码区	（略）	
货物或应税劳务、服务名称	规格型号	单位	数量	单价	金额	税率	税额
机器设备	**	台	1	3 0000	30 000	13%	3 900
合计					¥30 000		¥3 900
价税合计（大写）	叁万叁仟玖佰元整				（小写）¥33 900		
销货方	名称：东莞市车床机械厂 纳税人识别号：6233410173522353179 地址、电话：深圳市罗湖区罗湖路 130 号 0769-31313101 开户行及账号：工商银行 城南支行 6226031030121232030				备注		

收款人：　　复核：　　开票人：陈基秀　　销售单位：（章）

第二联 抵扣联 购货方扣税凭证

（印章：国家税务总局监制 广东；东莞市车床机械厂 6233410173522353179 发票专用章）

图 3-69　原始凭证 1

1713623512　　**广东增值税专用发票**

发票联

No：32046284

开票日期：2020 年 12 月 11 日

税总函〔2020〕001 广州白云印刷有限公司

购买方	名称：广州康成有限责任公司 纳税人识别号：5244000077921143190 地址、电话：广州市黄埔区新龙路 130 号 020-82878000 开户行及账号：工商银行新龙街支行 6222020000111222001				密码区	（略）	
货物或应税劳务、服务名称	规格型号	单位	数量	单价	金额	税率	税额
机器设备	**	台	1	30 000	30 000	13%	3 900
合计					¥30 000		¥3 900
价税合计（大写）	叁万叁仟玖佰元整				（小写）¥33 900		
销货方	名称：东莞市车床机械厂 纳税人识别号：6233410173522353179 地址、电话：深圳市罗湖区罗湖路 130 号 0769-31313101 开户行及账号：工商银行城南支行 6226031030121232030				备注		

收款人：　　复核：　　开票人：陈基秀　　销售单位：（章）

第三联 发票联 购货方记账凭证

（印章：国家税务总局监制 广东；东莞市车床机械厂 6233410173522353179 发票专用章）

图 3-70　原始凭证 2

1913623514

广东增值税专用发票

国家税务总局监制 广东

抵扣联

No：34046267

开票日期：2020 年 12 月 11 日

税总函【2020】001 广州白云印刷有限公司

购买方	名称：广州康成有限责任公司 纳税人识别号：5244000077921143190 地址、电话：广州市黄埔区新龙路 130 号 020-82878000 开户行及账号：工商银行新龙街支行 6222020000111222001				密码区	（略）	
货物或应税劳务、服务名称	规格型号	单位	数量	单价	金额	税率	税额
机器设备运输费	**	台	1	300	300	9%	27
合计					￥300		￥27
价税合计（大写）	叁佰贰拾柒元整				（小写）￥327		
销货方	名称：东莞市速运陆运有限公司 纳税人识别号：623341017352235179 地址、电话：深圳市罗湖区罗湖路 130 号 0769-31313101 开户行及账号：工商银行城南支行 6226031030121232030				备注	东莞市速运陆运有限公司 623341017352235179 发票专用章	

收款人：　　复核：　　开票人：范田　　销售单位：（章）

第二联 抵扣联 购货方扣税凭证

图 3-71　原始凭证 3

1913623514

广东增值税专用发票

国家税务总局监制 广东

发票联

No：34046267

开票日期：2020 年 12 月 11 日

税总函【2020】001 广州白云印刷有限公司

购买方	名称：广州康成有限责任公司 纳税人识别号：5244000077921143190 地址、电话：广州市黄埔区新龙路 130 号 020-82878000 开户行及账号：工商银行新龙街支行 6222020000111222001				密码区	（略）	
货物或应税劳务、服务名称	规格型号	单位	数量	单价	金额	税率	税额
机器设备运输费	**	台	1	300	300	9%	27
合计					￥300		￥27
价税合计（大写）	叁佰贰拾柒元整				（小写）￥327		
销货方	名称：东莞市速运陆运有限公司 纳税人识别号：623341017352235179 地址、电话：东莞市南城北路 30 号 0769-31313101 开户行及账号：工商银行城南支行 6226031030121232030				备注	东莞市速运陆运有限公司 623341017352235179 发票专用章	

收款人：　　复核：　　开票人：范田　　销售单位：（章）

第三联 发票联 购货方记账凭证

图 3-72　原始凭证 4

中国工商银行　电汇凭证　（回单）

普通　　加急　　委托日期 2020 年 12 月 11 日

付款人	名称	广州康成有限责任公司	收款人	名称	东莞市车床机械厂
	账号	6222020000111222001		账号	6226031030121232030
	汇出地点	广州市黄埔区新龙路 130 号		汇入地点	东莞市南城北路 30 号
汇出行名称:		中国工商银行新龙街支行	汇入行名称		工商银行城南支行

金额人民币（大写）叁万肆仟贰佰贰拾柒元整	百	十	万	千	百	十	元	角	分
		¥	3	4	2	2	7	0	0

[印章：中国工商银行 新龙街支行 2020.12.11 转讫] 汇出行签章	支付密码
	附加信息及用途：支付机器设备
	复核:　　　　记账:

此联汇出行给汇款人的回单

图 3-73　原始凭证 5

经济业务 34：12 月 14 日，由于客观原因经批准核销一笔坏账（如图 3-74 所示）。

关于核销坏账的请示

公司领导:

本公司应收佛山家俱厂销货款 8 500 元，逾期 3 年无法收回，请批准予以核销。

[印章：广州康成有限责任公司]　　　　财务部

2020 年 12 月 11 日

[印章：广州康成有限责任公司 财务部]

经研究决定，同意财务部意见。

2020 年 12 月 14 日

图 3-74　原始凭证

经济业务 35：12 月 14 日，从工行提取现金备用（如图 3-75 所示）。

中国工商银行
转账支票存根

No：01103636

附加信息：

出票日期：2020 年 12 月 14 日

收款人：	
金额：¥3 000.00	
用途：备用金	

单位主管：　　　　会计：陈英

图 3-75　原始凭证

经济业务 36：12 月 14 日，赵一山出差回来报销差旅费（如图 3-76、图 3-77 所示）。

差旅费报销单

姓名：赵一山　　　　2020 年 12 月 14 日

起止日期	起止地点	交通费	住宿费	伙食补贴	其他	合计	附单据
12 月 10 日	广州—深圳	320	1 200	360	230	2 110	略
12 月 13 日	深圳—广州	320				320	略
合计		640	1 200	360	230	2 430	
合计报销金额（大写）人民币贰仟肆佰叁拾元整				备注：原借款 3 000 元，收回现金 570 元。			

图 3-76　原始凭证 1

收款收据　　　　No 5323278

收款日期 2020 年 12 月 14 日

缴款单位（或缴款人）		赵一山									
款项内容		归还多借的差旅费 570 元。									
金额	人民币（大写）	伍佰柒拾元整	百	十	万	千	百	十	元	角	分
						¥	5	7	0	0	0

现金收讫

图 3-77　原始凭证 2

经济业务 37：12 月 14 日，购入 B 材料（如图 3-78、图 3-79、图 3-80、图 3-81、图 3-82 所示）。

1703821613　　**广东增值税专用发票**

抵扣联

No：22046283

开票日期：2020 年 12 月 14 日

税总函〔2020〕001 广州白云印刷有限公司

购买方	名称：广州康成有限责任公司 纳税人识别号：524400077921143190 地址、电话：广州市黄埔区新龙路 130 号 020-82878000 开户行及账号：工商银行新龙街支行 6222020000111222001	密码区	（略）

货物或应税劳务、服务名称	规格型号	单位	数量	单价	金额	税率	税额
B 材料	**	千克	5 000	8	40 000	13%	5 200
合计					¥40 000		¥5 200
价税合计（大写）	肆万伍仟贰佰元整				（小写）¥45 200		

销货方	名称：深圳电子有限公司 纳税人识别号：3133210173922353173 地址、电话：深圳市罗湖区罗湖路 130 号 0755-31313100 开户行及账号：工商银行罗湖区支行 6223021030121232037	备注	深圳电子有限公司 3133210173922353173 发票专用章

收款人：　　复核：　　开票人：罗小和　　销售单位：（章）

第二联 抵扣联 购货方扣税凭证

图 3-78　原始凭证 1

1703821613　　**广东增值税专用发票**

发票联

No：22046283

开票日期：2020 年 12 月 14 日

税总函〔2020〕001 广州白云印刷有限公司

购买方	名称：广州康成有限责任公司 纳税人识别号：524400077921143190 地址、电话：广州市黄埔区新龙路 130 号 020-82878000 开户行及账号：工商银行新龙街支行 6222020000111222001	密码区	（略）

货物或应税劳务、服务名称	规格型号	单位	数量	单价	金额	税率	税额
B 材料	**	千克	5 000	8	40 000	13%	5 200
合计					¥40 000		¥5 200
价税合计（大写）	肆万伍仟贰佰元整				（小写）¥45 200		

销货方	名称：深圳电子有限公司 纳税人识别号：3133210173922353173 地址、电话：深圳市罗湖区罗湖路 130 号 0755-31313100 开户行及账号：工商银行罗湖区支行 6223021030121232037	备注	深圳电子有限公司 3133210173922353173 发票专用章

收款人：　　复核：　　开票人：罗小和　　销售单位：（章）

第三联 发票联 购货方记账凭证

图 3-79　原始凭证 2

1704631772

广东增值税专用发票

抵扣联

No：12236223

开票日期：2020 年 12 月 14 日

购买方	名称：广州康成有限责任公司 纳税人识别号：524400007792114319O 地址、电话：广州市黄埔区新龙路 130 号 020-82878000 开户行及账号：工商银行新龙街支行 6222020000111222001				密码区	（略）	
货物或应税劳务、服务名称	规格型号	单位	数量	单价	金额	税率	税额
B 材料运输费	**	千克	5 000	0.1	500	9%	45
合计					¥500		¥45
价税合计（大写）	伍佰肆拾伍元整				（小写）¥545		
销货方	名称：深圳大顺物流有限公司 纳税人识别号：513321018392234317２ 地址、电话：深圳市罗湖区罗湖路 20 号 0755-31312168 开户行及账号：工商银行罗湖区支行 6223121050121282017				备注		

收款人：　　复核：　　开票人：赵平安　　销售单位：（章）

税总函〔2020〕001 广州白云印刷有限公司

第二联 抵扣联 购货方扣税凭证

图 3-80　原始凭证 3

1704631772

广东增值税专用发票

发票联

No：12236223

开票日期：2020 年 12 月 14 日

购买方	名称：广州康成有限责任公司 纳税人识别号：524400007792114319O 地址、电话：广州市黄埔区新龙路 130 号 020-82878000 开户行及账号：工商银行新龙街支行 6222020000111222001				密码区	（略）	
货物或应税劳务、服务名称	规格型号	单位	数量	单价	金额	税率	税额
B 材料运输费	**	千克	5 000	0.1	500	9%	45
合计					¥500		¥45
价税合计（大写）	伍佰肆拾伍元整				（小写）¥545		
销货方	名称：深圳大顺物流有限公司 纳税人识别号：513321018392234317２ 地址、电话：深圳市罗湖区罗湖路 20 号 0755-31312168 开户行及账号：工商银行罗湖区支行 6223121050121282017				备注		

收款人：　　复核：　　开票人：赵平安　　销售单位：（章）

税总函〔2020〕001 广州白云印刷有限公司

第三联 发票联 购货方记账凭证

图 3-81　原始凭证 4

托收凭证(付款通知)　　5

委托日期 2020 年 12 月 14 日　付款日期 2020 年 12 月 14 日

业务类型	委托收款（ 邮划 电划） 托收承付（ 邮划 电划）				
付款人	名称	广州康成有限责任公司	收款人	名称	广州市第一建筑有限公司
	账号	6222020000111222001		账号	6223013035121632130
	地址	广州市黄埔区新龙路 130 号		地址	广州市天河区天河路 139 号

金额	百	十	万	千	百	十	元	角	分
人民币（大写）肆万伍仟柒佰肆拾伍元整		¥	4	5	7	4	5	0	0

款项内容	购买 B 材料货款	托收凭据名称		附寄单张数	2 张
商品发运情况	公路运费 545 元。	合同名称号码			

付款人开户银行收到日期 2020 年 12 月 14 日	付款人开户银行签章 2020 年 12 月 14 日	付款人注意： 1．根据支付结算办法，上列委托收款（托收承付）款项在付款期限内未提出拒付，即视为同意付款，以此代付款通知。 2．如需提出全部或部分拒付，应在规定期限内，将拒付理由书并附债务证明退交开户银行。

中国工商银行 新龙街支行 2020.12.14 转讫

此联付款人开户银行给付款人按期付款通知

图 3-82　原始凭证 5

经济业务 38：12 月 14 日，销售甲乙产品（如图 3-83、图 3-84、图 3-85 所示）。

1303632580　　**广东增值税专用发票**

此联不作报销、扣税凭证使用　　No：21033251

开票日期：2020 年 12 月 14 日

购买方	名称：广州白云电子有限公司 纳税人识别号：523321017892135357 9 地址、电话：广州市白云区白云大道 125 号 020-51213002 开户行及账号：农业银行白云区支行 6234021030131252078					密码区	（略）	
货物或应税劳务、服务名称	规格型号	单位	数量	单价	金额	税率	税额	
甲产品		件	11 000	30	330 000	13%	42 900	
乙产品		件	9 000	20	180 000	13%	23 400	
						13%		
合计					¥510 000		¥66 300	
价税合计（大写）	伍拾柒万陆仟叁佰元整				（小写）¥576 300			
销货方	名称：广州康成有限责任公司 纳税人识别号：524400007792114319 0 地址、电话：广州市黄埔区新龙路 130 号 020-82878000 开户行及账号：工商银行新龙街支行 6222020000111222001					备注		

收款人：　　复核：　　开票人：陈英　　销售单位：（章）

广州康成有限责任公司 524400007792114319 0 发票专用章

税总函【2020】001 广州白云印刷有限公司

第一联 记账联 销货方记账凭证

图 3-83　原始凭证 1

中国工商银行 **进账单** (收账通知)

委托日期 2020 年 12 月 14 日

收款人	名称	广州康成有限责任公司	付款人	名称	广州白云电子有限公司
	账号	6222020000111222001		账号	6234021030131252078
	开户银行	中国工商银行新龙街支行		开户银行	农业银行白云区支行

金额	百	十	万	千	百	十	元	角	分
人民币（大写）伍拾柒万陆仟叁佰元整	¥	5	7	6	3	0	0	0	0

票据种类	银行本票	票据张数	1 张
票据号码			
单位主管: 会计: 复核: 记账:			收款人开户行盖章

中国工商银行 新龙街支行 2020.12.14 转讫

收款人的收账通知

此联是收款人开户行交给

图 3-84 原始凭证 2

库存商品出库单

2020 年 12 月 14 日　　编号：40

序号	名称	规格	单位	出库数量	用途
1	甲产品		件	11 000	销售
2	乙产品		件	9 000	销售
合计				20 000	

②会计记账联

仓库保管员：廖军　　经办人：吴月明

图 3-85 原始凭证 3

经济业务 39：12 月 15 日，用现金支付快递公司快递费（如图 3-86、图 3-87 所示）。

1102631773　　广东增值税专用发票

抵扣联　　No：22236221

开票日期：2020 年 12 月 15 日

购买方	名称：广州康成有限责任公司 纳税人识别号：524400007792114319 地址、电话：广州市黄埔区新龙路 130 号 020-82878000 开户行及账号：工商银行新龙街支行 6222020000111222001				密码区	（略）	
货物或应税劳务、服务名称	规格型号	单位	数量	单价	金额	税率	税额
快递费					500	9%	45
合计					¥500		¥45
价税合计（大写）	伍佰肆拾伍元整				（小写）¥545		
销货方	名称：广州顺风物流有限公司 纳税人识别号：313521019392234317 7 地址、电话：广州市黄埔区青年路 209 号 020-32312162 开户行及账号：工商银行黄埔区支行 6224121450121282014				备注		

收款人：　　复核：　　开票人：陈萍　　销售单位：（章）

税总函〔2020〕001 广州白云印刷有限公司

第二联 抵扣联 购货方扣税凭证

广州顺风物流有限公司 3135210193922343177 发票专用章

图 3-86　原始凭证 1

1102631773　　广东增值税专用发票

发票联　　No：22236221

开票日期：2020 年 12 月 15 日

购买方	名称：广州康成有限责任公司 纳税人识别号：524400007792114319 地址、电话：广州市黄埔区新龙路 130 号 020-82878000 开户行及账号：工商银行新龙街支行 6222020000111222001				密码区	（略）	
货物或应税劳务、服务名称	规格型号	单位	数量	单价	金额	税率	税额
快递费					500	9%	45
合计					¥500		¥45
价税合计（大写）	伍佰肆拾伍元整				（小写）¥545		
销货方	名称：广州顺风物流有限公司 纳税人识别号：313521019392234317 7 地址、电话：广州市黄埔区青年路 209 号 020-32312162 开户行及账号：工商银行黄埔区支行 6224121450121282014				备注		

现金收讫

收款人：　　复核：　　开票人：陈萍　　销售单位：（章）

税总函〔2020〕001 广州白云印刷有限公司

第三联 发票联 购货方记账凭证

广州顺风物流有限公司 3135210193922343177 发票专用章

图 3-87　原始凭证 2

经济业务 40：12 月 15 日，销售货款委托收款到期，款项已存入银行（如图 3-88 所示）。

托收凭证(收账通知)　　4

委托日期 2020 年 12 月 15 日　付款日期 2020 年 12 月 15 日

业务类型	委托收款（　邮划　　电划）　托收承付（　邮划　　电划）								
付款人	名称	广州白云电子有限公司			收款人	名称	广州康成有限责任公司		
	账号	6234021030131252078				账号	6222020000111222001		
	地址	广州市白云区白云大道 125 号	开户行	农行白云区支行		地址	广州市黄埔区新龙路 130 号	开户行	工行新龙街支行

金额	百	十	万	千	百	十	元	角	分
人民币（大写）贰万柒仟元整		¥	2	7	0	0	0	0	0

款项内容	货款	托收凭据名称		附寄单张数	1 张
商品发运情况		合同名称号码			
备注： 复核　　记账	上列款项已划回收入你方账户内。 收款人开户银行签章 2020 年 12 月 15 日				

中国工商银行 新龙街支行 2020.12.15 转讫

此联付款人开户银行凭以收款人开户银行作收账通知

图 3-88　原始凭证

经济业务 41：12 月 15 日，购入生产产品用包装物（如图 3-89、图 3-90、图 3-91、图 3-92 所示）。

3102631783　　广东增值税专用发票

抵扣联

No：72236226

开票日期：2020 年 12 月 15 日

购买方	名称：广州康成有限责任公司 纳税人识别号：524400007792114319O 地址、电话：广州市黄埔区新龙路 130 号 020-82878000 开户行及账号：工商银行新龙街支行 6222020000111222001				密码区	（略）	
货物或应税劳务、服务名称	规格型号	单位	数量	单价	金额	税率	税额
甲产品包装箱		件	10 000	3	30 000	13%	3 900
乙产品包装箱		件	6 000	2	12 000	13%	1 560
合计					¥42 000		¥5 460
价税合计（大写）	肆万柒仟肆佰陆拾元整				（小写）¥47 460		
销货方	名称：广州家顺包装厂 纳税人识别号：513521019393234517l 地址、电话：广州市黄埔区广汕路 09 号 020-82872162 开户行及账号：工商银行黄埔区支行 6224321453121282313				备注	广州家顺包装厂 513521019393234517l 发票专用章	

收款人：　　复核：　　开票人：冯小慧　　销售单位：（章）

税总函【2020】001 广州白云印刷有限公司

第二联 抵扣联 购货方扣税凭证

图 3-89　原始凭证 1

3102631783

广东增值税专用发票

发票联

No：72236226

开票日期：2020 年 12 月 15 日

税总函〔2020〕001 广州白云印刷有限公司

购买方	名称：广州康成有限责任公司 纳税人识别号：524400007792 1143190 地址、电话：广州市黄埔区新龙路 130 号 020-82878000 开户行及账号：工商银行新龙街支行 6222020000111222001				密码区	（略）	
货物或应税劳务、服务名称	规格型号	单位	数量	单价	金额	税率	税额
甲产品包装箱		件	10 000	3	30 000	13%	3 900
乙产品包装箱		件	6 000	2	12 000	13%	1 560
合计					￥42 000		￥5 460
价税合计（大写）	肆万柒仟肆佰陆拾元整				（小写）￥47 460		
销货方	名称：广州家顺包装厂 纳税人识别号：513521019393234517 1 地址、电话：广州市黄埔区广汕路 09 号 020-82872162 开户行及账号：工商银行黄埔区支行 6224321453121282313				备注	广州家顺包装厂 513521019393234517 1 发票专用章	

收款人： 复核： 开票人：冯小慧 销售单位：（章）

第三联 发票联 购货方记账凭证

图 3-90 原始凭证 2

包装物入库单

2020 年 12 月 15 日

品种分类	包装物	供应单位	广州家顺包装厂			
品名	规格	单位	数量	单价	金额	备注
甲产品包装箱		件	10 000	3	30 000	
乙产品包装箱		件	6 000	2	12 000	
合计			16 000		42 000	

保管：张一帆 创库验收：张小基 经办人：李小同

图 3-91 原始凭证 3

中国工商银行

转账支票存根

No：01103637

附加信息：

出票日期：2020 年 12 月 15 日

收款人：广州家顺包装厂

金额：￥47 460. 00

用途：付包装物款项

单位主管：　　　会计：陈英

图 3-92　原始凭证 4

经济业务 42：12 月 15 日，购买建筑材料，并用于建办公楼（如图 3-93、图 3-94、图 3-95、图 3-96、图 3-97 所示）。

2102631780　　广东增值税专用发票

抵扣联

No：62236525

开票日期：2020 年 12 月 15 日

税总函【2020】001 广州白云印刷有限公司

购买方 名称：广州康成有限责任公司
纳税人识别号：524400007792114319 0
地址、电话：广州市黄埔区新龙路 130 号 020-82878000
开户行及账号：工商银行新龙街支行 6222020000111222001

密码区（略）

货物或应税劳务、服务名称	规格型号	单位	数量	单价	金额	税率	税额
建筑材料		批			100 000	13%	13 000
合计					￥100 000		￥13 000
价税合计（大写）	壹拾壹万叁仟元整				（小写）￥113 000		

销货方 名称：广州建材有限公司
纳税人识别号：413521019493234517 4
地址、电话：广州市黄埔区广汕路 109 号 020-82852162
开户行及账号：工商银行黄埔区支行 6223321453121282311

备注

收款人：　　复核：　　开票人：马小明　　销售单位：（章）

第二联 抵扣联 购货方扣税凭证

图 3-93　原始凭证 1

2102631780　　**广东增值税专用发票**

发票联

No：62236525

开票日期：2020 年 12 月 15 日

购买方	名称：广州康成有限责任公司 纳税人识别号：524400007792114319O 地址、电话：广州市黄埔区新龙路 130 号 020-82878000 开户行及账号：工商银行新龙街支行 6222020000111222001				密码区	（略）	
货物或应税劳务、服务名称	规格型号	单位	数量	单价	金额	税率	税额
建筑材料		批			100 000	13%	13 000
合计					￥100 000		￥13 000
价税合计（大写）	壹拾壹万叁仟元整				（小写）￥113 000		
销货方	名称：广州建材有限公司 纳税人识别号：4135210194932345174 地址、电话：广州市黄埔区广汕路 109 号 020-82852162 开户行及账号：工商银行黄埔区支行 6223321453121282311				备注	广州建材有限公司 4135210194932345174 发票专用章	

收款人：　　复核：　　开票人：马小明　　销售单位：（章）

税总函〔2020〕001 广州白云印刷有限公司

第三联 发票联 购货方记账凭证

图 3-94　原始凭证 2

中国工商银行

转账支票存根

No：01103636

附加信息：

出票日期：2020 年 12 月 15 日

收款人：广州建材有限公司
金额：￥113 000.00
用途：支付建筑材料款

单位主管：　　会计：陈英

图 3-95　原始凭证 3

入　库　单

2020 年 12 月 15 日

品名	规格	单位	数量	单价	金额	备注
建筑材料			批		100 000	
合计					100 000	

保管：张一帆　　　　创库验收：张小基　　　　经办人：李小同

图 3-96　原始凭证 4

领　料　单

2020 年 12 月 16 日

名称型号	计量单位	申领数量	实发数量	单价	金额
建筑材料		批	批		100 000
合计					100 000

②会计记账联

保管：张一帆　　　　领用人：李飞雪

图 3-97　原始凭证 5

经济业务 43：12 月 15 日，偿还 2019 年借入的短期借款和利息（如图 3-98 所示）。

中国工商银行贷款到期通知书

2020 年 12 月 15 日

借款人（单位）名称	广州康成有限责任公司		
借款金额	人民币大写：贰拾万元整　（小写）￥200 000. 00		
借款期限	2019 年 12 月 15 日至 2020 年 12 月 15 日	偿还方式	划扣
借款利率	5%		
借款利息	10 000		

注：到期一次还本付息。

图 3-98　原始凭证

经济业务 44：12 月 16 日，支付产品宣传单制作费（如图 3-99、图 3-100、图 3-101 所示）。

3102631789　　广东增值税专用发票　　抵扣联

No：72236929

开票日期：2020 年 12 月 16 日

购买方	名称：广州康成有限责任公司 纳税人识别号：5244000077921143190 地址、电话：广州市黄埔区新龙路 130 号 020-82878000 开户行及账号：工商银行新龙街支行 6222020000111222001				密码区	（略）		
货物或应税劳务、服务名称	规格型号	单位	数量	单价	金额	税率	税额	
宣传制作费			1	2 000	2 000	13%	260	
合计					￥2 000		￥260	
价税合计（大写）	贰仟贰佰陆拾元整				（小写）￥2 260			
销货方	名称：广州家顺包装厂 纳税人识别号：5135210193932345171 地址、电话：广州市黄埔区广汕路 09 号 020-82872162 开户行及账号：工商银行黄埔区支行 6224321453121282313				备注			

收款人：　　复核：　　开票人：冯小慧　　销售单位：（章）

税总函【2020】001 广州白云印刷有限公司

第二联　抵扣联　购货方扣税凭证

全国统一发票监制章 广东 国家税务总局监制

广州家顺包装厂 5135210193932345171 发票专用章

图 3-99　原始凭证 1

3102631789　　广东增值税专用发票　　发票联

No：72236929

开票日期：2020 年 12 月 16 日

购买方	名称：广州康成有限责任公司 纳税人识别号：5244000077921143190 地址、电话：广州市黄埔区新龙路 130 号 020-82878000 开户行及账号：工商银行新龙街支行 6222020000111222001				密码区	（略）		
货物或应税劳务、服务名称	规格型号	单位	数量	单价	金额	税率	税额	
宣传制作费			1	2 000	2 000	13%	260	
合计					￥2 000		￥260	
价税合计（大写）	贰仟贰佰陆拾元整				（小写）￥2 260			
销货方	名称：广州家顺包装厂 纳税人识别号：5135210193932345171 地址、电话：广州市黄埔区广汕路 09 号 020-82872162 开户行及账号：工商银行黄埔区支行 6224321453121282313				备注			

收款人：　　复核：　　开票人：冯小慧　　销售单位：（章）

税总函【2020】001 广州白云印刷有限公司

第三联　发票联　购货方记账凭证

全国统一发票监制章 广东 国家税务总局监制

广州家顺包装厂 5135210193932345171 发票专用章

图 3-100　原始凭证 2

中国工商银行
转账支票存根

No：01103638

附加信息：

出票日期：2020 年 12 月 1 日

收款人：广州家顺包装厂
金额：￥2 260.00
用途：备用金

单位主管：　　　　会计：陈英

图 3-101　原始凭证 3

经济业务 45：12 月 16 日，B 材料入库（如图 3-102 所示）。

入　库　单

2020 年 12 月 16 日

品种分类	原材料	供应单位	广州家顺包装厂			
品名	规格	单位	数量	单价	金额	备注
B 材料		千克	5 000	8.10	40 500	
合计			5 000		40 500	

保管：张一帆　　　　创库验收：张小基　　　　经办人：李小同

图 3-102　原始凭证

经济业务 46：12 月 16 日，基本生产车间领用生产用材料（如图 3-103、图 3-104、图 3-105 所示）。

领　料　单

2020 年 12 月 16 日

领用部门	基本生产车间	用途	生产甲产品		
名称型号	计量单位	申领数量	实发数量	单价	金额
A 材料	千克	10 000	10 000		
B 材料	千克	5 000	5 000		
合计			15 000	15 000	

②会计记账联

保管：张一帆　　　　领用人：李飞雪

图 3-103　原始凭证 1

领　料　单

2020 年 12 月 16 日

领用部门	基本生产车间		用途	生产乙产品		
名称型号		计量单位	申领数量	实发数量	单价	金额
A 材料		千克	3 000	3 000		
B 材料		千克	2 000	2 000		
合计				5 000	5 000	

②会计记账联

保管：张一帆　　　　　　　　　　　　　　　　　　领用人：李飞雪

图 3-104　原始凭证 2

包装物、低值易耗品出库单

领用部门：车间管理部门　　　　2020 年 12 月 16 日　　　　编号：30

编号	名称	规格	计量单位	出库数量	单价	总成本
001	甲产品包装箱		件	8 000		
002	乙产品包装箱		件	5 000		
合计				13 000		

②会计记账联

保管：张一帆　　　　　　　　　　　　　　　　　　领用人：李飞雪

图 3-105　原始凭证 3

经济业务 47：12 月 16 日，支付业务接待餐费（如图 3-106、图 3-107、图 3-108 所示）。

8102651783　　　　**广东增值税专用发票**

抵扣联

No：32436544

开票日期：2020 年 12 月 16 日

税总函〔2020〕001 广州白云印刷有限公司

购买方	名称：广州康成有限责任公司 纳税人识别号：524400007792114319O 地址、电话：广州市黄埔区新龙路 130 号 020-82878000 开户行及账号：工商银行新龙街支行 6222020000111222001					密码区	（略）	
货物或应税劳务、服务名称		规格型号	单位	数量	单价	金额	税率	税额
业务接待餐费						1 800	6%	108
合计						¥1 800		¥108
价税合计（大写）		壹仟玖佰零捌元整				（小写）¥1 908		
销货方	名称：广州中新知识城三鲜酒家 纳税人识别号：413521019393236527２ 地址、电话：广州市黄埔区九龙路 309 号 020-82852001 开户行及账号：工商银行九佛支行 6224421454121242314					备注		

第二联　抵扣联　购货方扣税凭证

收款人：　　　　　复核：　　　　　开票人：谭小龙　　　　　销售单位：（章）

图 3-106　原始凭证 1

8102651783

广东增值税专用发票

发票联

No：32436544

开票日期：2020 年 12 月 16 日

税总函〔2020〕001 广州白云印刷有限公司

购买方	名称：广州康成有限责任公司 纳税人识别号：524400007792114319O 地址、电话：广州市黄埔区新龙路 130 号 020-82878000 开户行及账号：工商银行新龙街支行 6222020000111222001				密码区	（略）	
货物或应税劳务、服务名称	规格型号	单位	数量	单价	金额	税率	税额
业务接待餐费					1 800	6%	108
合计					¥1 800		¥108
价税合计（大写）	壹仟玖佰零捌元整				（小写）¥1 908		
销货方	名称：广州中新知识城三鲜酒家 纳税人识别号：4135210193932365272 地址、电话：广州市黄埔区九龙路 309 号 020-82852001 开户行及账号：工商银行九佛支行 6224421454121242314				备注		

收款人：　　复核：　　开票人：谭小龙　　销售单位：（章）

第三联 发票联 购货方记账凭证

图 3-107　原始凭证 2

中国工商银行
转账支票存根

No：01103639

附加信息：

出票日期：2020 年 12 月 16 日

收款人：广州中新知识城三鲜酒家
金额：¥1 908.00
用途：业务招待餐费

单位主管：　　会计：陈英

图 3-108　原始凭证 3

经济业务 48：12 月 17 日，支付车间管理部门设备修理费（如图 3-109、图 3-110、图 3-111 所示）。

4102631784　　广东增值税专用发票　　抵扣联

No：42236524

开票日期：2020 年 12 月 17 日

税总函〔2020〕001 广州白云印刷有限公司

购买方	名称：广州康成有限责任公司 纳税人识别号：524400007792114319 0 地址、电话：广州市黄埔区新龙路 130 号 020-82878000 开户行及账号：工商银行新龙街支行 6222020000111222001					密码区	（略）	
货物或应税劳务、服务名称	规格型号	单位	数量	单价	金额	税率	税额	
设备维修费					3 500	13%	455	
合计					￥3 500		￥455	
价税合计（大写）	叁仟玖佰伍拾伍元整				（小写）￥3 955			
销货方	名称：广州大众汽车维修中心 纳税人识别号：513621619393236517 6 地址、电话：广州市黄埔区科创路 139 号 020-81832161 开户行及账号：工商银行黄埔区支行 6224323353121282513					备注		

第二联 抵扣联 购货方扣税凭证

收款人：　　复核：　　开票人：冯思思　　销售单位：（章）

（印章：广州大众汽车维修中心 513621619393236517 6 发票专用章）

图 3-109　原始凭证 1

4102631784　　广东增值税专用发票　　发票联

No：42236524

开票日期：2020 年 12 月 17 日

税总函〔2020〕001 广州白云印刷有限公司

购买方	名称：广州康成有限责任公司 纳税人识别号：524400007792114319 0 地址、电话：广州市黄埔区新龙路 130 号 020-82878000 开户行及账号：工商银行新龙街支行 6222020000111222001					密码区	（略）	
货物或应税劳务、服务名称	规格型号	单位	数量	单价	金额	税率	税额	
设备维修费					3 500	13%	455	
合计					￥3 500		￥455	
价税合计（大写）	叁仟玖佰伍拾伍元整				（小写）￥3 955			
销货方	名称：广州大众汽车维修中心 纳税人识别号：513621619393236517 6 地址、电话：广州市黄埔区科创路 139 号 020-81832161 开户行及账号：工商银行黄埔区支行 6224323353121282513					备注		

第三联 发票联 购货方记账凭证

收款人：　　复核：　　开票人：冯思思　　销售单位：（章）

（印章：广州大众汽车维修中心 513621619393236517 6 发票专用章）

图 3-110　原始凭证 2

中国工商银行 转账支票存根 No：01103640 附加信息： ______ ______ ______ 出票日期：2020 年 12 月 17 日
收款人：广州大众汽车维修中心
金额：￥3 955.00
用途：设备维修费
单位主管：　　　　会计：陈英

图 3-111　原始凭证 3

经济业务 49：甲乙产品完工验收入库（见图 3-112 所示）。

库存商品入库单

2020 年 12 月 17 日

编号	名称及规格	计量单位	入库数量	备注
01	甲产品	件	10 000	产品完工入库
02	乙产品	件	5 000	产品完工入库
合计			15 000	

保管：张一帆　　　　创库验收：张小基　　　　经办人：李小同

图 3-112　原始凭证

经济业务 50：12 月 17 日，销售甲乙产品，收到商业承兑汇票一张（如图 3-113、图 3-114、图 3-115 所示）。

1303632580

广东增值税专用发票

此联不作报销、扣税凭证使用　　No：21033252

开票日期：2020 年 12 月 17 日

税总函【2020】001 广州白云印刷有限公司

购买方	名称：广州白云电子有限公司 纳税人识别号：523321017892135357 9 地址、电话：广州市白云区白云大道 125 号 020-51213002 开户行及账号：农业银行白云区支行 6234021030131252078				密码区	（略）		
货物或应税劳务、服务名称	规格型号	单位	数量	单价	金额	税率	税额	
甲产品		件	1 000	30	30 000	13%	3 900	
乙产品		件	800	20	16 000	13%	2 080	
合计					¥46 000		¥5 980	
价税合计（大写）	伍万壹仟玖佰捌拾元整				（小写）¥51 980			
销货方	名称：广州康成有限责任公司 纳税人识别号：524400007792114319 0 地址、电话：广州市黄埔区新龙路 130 号 020-82878000 开户行及账号：工商银行新龙街支行 6222020000111222001				备注			

收款人：　　复核：　　开票人：陈英　　销售单位：（章）

第一联 记账联 销货方记账凭证

广州康成有限责任公司 5244000077921143190 发票专用章

图 3-113　原始凭证 1

商业承兑汇票(存根)

3　汇票号码

出票日期贰零贰零年壹拾贰月壹拾柒日　　第　号

收款人	名称	广州白云电子有限公司	付款人	名称	广州康成有限责任公司							
	账号	6234021030131252078		账号	6222020000111222001							
	开户银行	农业银行白云区支行		开户银行	中国工商银行新龙街支行							
金额人民币（大写）伍万壹仟玖佰捌拾元整				百	十	万	千	百	十	元	角	分
					¥	5	1	9	8	0	0	0
汇票到期日	贰零贰壹年零壹月壹拾柒日			交易合同号码								
备注：该票据不带息。												

中国工商银行新龙街支行 2020.12.17 转讫

图 3-114　原始凭证 2

库存商品出库单

2020 年 12 月 17 日　　　　编号：41

序号	名称	规格	单位	出库数量	用途
1	甲产品		件	1 000	销售
2	乙产品		件	800	销售
合计				1 800	

②会计记账联

仓库保管员：廖军　　　　经办人：吴月明

图 3-115　原始凭证 3

经济业务 51：12 月 18 日，支付长期借款利息（如图 3-116 所示）。

中国工商银行特种转账贷方凭证

3633813

2020 年 12 月 18 日

付款人	名称	广州康成有限责任公司		收款人	名称	中国工商银行新龙街支行	
	账号	6222020000111222001			账号	6222020010112222031	
	开户银行	工行新龙街支行	行号 130090		开户银行	工行新龙街支行	行号 130090

金额人民币（大写）贰仟捌佰肆拾元整	百	十	万	千	百	十	元	角	分
			¥	2	8	4	0	0	0

原凭证金额		赔偿金		会计分录： 借： 贷：
原凭证名称		号码		
转账原因	支付长期借款利息 计息期间： 2020.9.18-2020.12.18			会计主管：　复核：　记账：

（印章：中国工商银行 新龙街支行 2020.12.18 转讫）

注：假设前两个月未预提利息。

图 3-116　原始凭证

经济业务 52：12 月 18 日，购入 B 材料（如图 3-117、图 3-118、图 3-119 所示）。

1704621611　　**广东增值税专用发票**

抵扣联

No：13146468

开票日期：2020 年 12 月 18 日

税总函【2020】001 广州白云印刷有限公司

购买方	名称：广州康成有限责任公司 纳税人识别号：524400007792114319O 地址、电话：广州市黄埔区新龙路 130 号 020-82878000 开户行及账号：工商银行新龙街支行 6222020000111222001				密码区	（略）	
货物或应税劳务、服务名称	规格型号	单位	数量	单价	金额	税率	税额
B 材料	**	千克	2 500	8	20 000	13%	2 600
合计					¥20 000		¥2 600
价税合计（大写）	贰万贰仟陆佰元整				（小写）¥ 22 600		
销货方	名称：深圳电子有限公司 纳税人识别号：3133210173922353173 地址、电话：深圳市罗湖区罗湖路 130 号 0755-31313100 开户行及账号：工商银行罗湖区支行 6223021030121232037				备注	深圳电子有限公司 3133210173922353173 发票专用章	

第二联 抵扣联 购货方扣税凭证

收款人：　　复核：　　开票人：罗小和　　销售单位：（章）

图 3-117　原始凭证 1

1704621611　　**广东增值税专用发票**

发票联

No：13146468

开票日期：2020 年 12 月 18 日

税总函【2020】001 广州白云印刷有限公司

购买方	名称：广州康成有限责任公司 纳税人识别号：524400007792114319O 地址、电话：广州市黄埔区新龙路 130 号 020-82878000 开户行及账号：工商银行新龙街支行 6222020000111222001				密码区	（略）	
货物或应税劳务、服务名称	规格型号	单位	数量	单价	金额	税率	税额
B 材料	**	千克	2500	8	20 000	13%	2 600
合计					¥20 000		¥2 600
价税合计（大写）	贰万贰仟陆佰元整				（小写）¥ 22 600		
销货方	名称：深圳电子有限公司 纳税人识别号：3133210173922353173 地址、电话：深圳市罗湖区罗湖路 130 号 0755-31313100 开户行及账号：工商银行罗湖区支行 6223021030121232037				备注	深圳电子有限公司 3133210173922353173 发票专用章	

第三联 发票联 购货方记账凭证

收款人：　　复核：　　开票人：罗小和　　销售单位：（章）

图 3-118　原始凭证 2

入　库　单

2020 年 12 月 18 日

类别	二类材料		供应单位	深圳电子有限公司		
名称	型号	计量单位	数量	单价	金额	备注
B 材料		千克	2 500	8	20 000	
合计			2 500		20 000	

保管：张一帆　　　　　　　　　　　　核算员：

图 3-119　**原始凭证 3**

经济业务 53：12 月 18 日，偿还到期的长期借款本金和利息（如图 3-120 所示）。

中国工商银行偿还贷款凭证（第一联）

2020 年 12 月 18 日

<table>
<tr><td>借款单位名称</td><td>广州康成有限责任公司</td><td>贷款账号</td><td colspan="3">6212263602045276488</td><td colspan="3">结算账号</td><td colspan="5">6222020000111222001</td></tr>
<tr><td rowspan="2">还款金额（大写）</td><td rowspan="2" colspan="3">壹拾万零壹仟伍佰元整</td><td>千</td><td>百</td><td>十</td><td>万</td><td>千</td><td>百</td><td>十</td><td>元</td><td>角</td><td>分</td></tr>
<tr><td></td><td>¥</td><td>1</td><td>0</td><td>1</td><td>5</td><td>0</td><td>0</td><td>0</td><td>0</td></tr>
<tr><td>贷款种类</td><td>长期贷款</td><td>借出日期</td><td colspan="3">2018.12.18</td><td colspan="3">原约定还款日期</td><td colspan="5">2020.12.18</td></tr>
<tr><td colspan="3">上列款项请由本单位账户内偿还到期贷款
借款单位盖章</td><td colspan="11">会计分录：
借：
贷：
复核员：　　　　记账员：</td></tr>
</table>

偿还贷款收据

（印章：广州康成有限责任公司；中国工商银行 新龙街支行 2020.12.18 转讫）

注：该项借款本金为 100 000 元，按季度计付利息，到期还本。长期借款的年利率为 6%。

图 3-120　**原始凭证**

经济业务 54：12 月 18 日，将未到期的商业承兑汇票办理贴现（如图 3-121 所示）。

贴现凭证(收账通知)　　4

申请日期　2020 年 12 月 18 日　　　　第 0019 号

贴现汇票	种类	商业汇票	号码	0131252078	持票人 名称	广州康成有限责任公司
	出票日	2020 年 12 月 17 日			账号	6222020000111222001
	到票日	2021 年 1 月 17 日			开户银行	中国工商银行新龙街支行

汇票承兑人	名称	广州白云电子有限公司	账号	6234021030131252078	开户行	农业银行白云区支行

			百	十	万	千	百	十	元	角	分
汇票金额	人民币（大写）	伍万壹仟玖佰捌拾元整		¥	5	1	9	8	0	0	0

			十	万	千	百	十	元	角	分
贴现率	[illegible].5%	贴现利息			¥	2	5	9	9	0

	百	十	万	千	百	十	元	角	分
实付贴现金额		¥	5	1	7	2	0	1	0

贴现款项已入你单位账户 银行签章 2020 年 12 月 18 日	备注:

图 3-121　原始凭证 1

经济业务 55：12 月 18 日，基本生产车间领用 B 材料（如图 3-122 所示）。

领　料　单

2020 年 12 月 18 日

领用部门	基本生产车间		用途	生产乙产品		
类别	名称型号	计量单位	申领数量	实发数量	单价	金额
一类材料	B 材料	千克	1 000	1 000		
合计			1 000	1 000		

②会计记账联

保管：张一帆　　　　　　　　　　领用人：李飞雪

图 3-122　原始凭证

经济业务 56：12 月 19 日，甲、乙产品完工入库（如图 3-123 所示）。

库存商品入库单

2020 年 12 月 19 日

编号	名称及规格	计量单位	入库数量	备注
01	甲产品	件	7 000	产品完工入库
02	乙产品	件	5 000	产品完工入库
合计			12 000	

保管：张一帆　　　　创库验收：张小基　　　　经办人：李小同

图 3-123　**原始凭证**

经济业务 57：12 月 20 日，由于技术进步报废一台机器设备（如图 3-124 所示）。

固定资产报废申请单

2020 年 12 月 20 日　　　　编号：010

固定资产名称及编号	单位	数量	预计使用年限	实际使用年限	原始价值	已提折旧	备注
机器设备	台	1	10	112 个月	300 000	280 000	
申请报废原因	由于技术进步，不能满足现有技术的生产需求。						
处理意见	使用部门		技术鉴定部门		固定资产管理部门	主管部门审批	
	不能满足生产需要		情况属实		同意转入清理	同意报废	

图 3-124　**原始凭证**

经济业务 58：12 月 20 日，支付报废机器设备清理费（如图 3-125、图 3-126、图 3-127 所示）。

2303532114　　**广东增值税专用发票**

抵扣联　　No：61135234

机打编号：66373542724　　开票日期：2020 年 12 月 20 日

税总函〔2020〕001 广州白云印刷有限公司

购买方	名称：广州康成有限责任公司 纳税人识别号：524400007792114319O 地址、电话：广州市黄埔区新龙路 130 号 020-82878000 开户行及账号：工商银行新龙街支行 6222020000111222001				密码区	（略）		
货物或应税劳务、服务名称	规格型号	单位	数量	单价	金额	税率	税额	
清理费					500	3%	15	
合计					￥500.00		￥15	
价税合计（大写）	伍佰壹拾伍元整				（小写）￥515.00			
销货方	名称：广州旧货回收服务有限公司 纳税人识别号：43030139651011301734 地址、电话：广州市黄埔区新龙街 235 号 020-82873333 开户行及账号：工商银行新龙街支行 6223021030121242034				备注	校验码：62141194224192438744		

收款人：　　复核：　　开票人：陈淑梅　　销售单位：（章）

第二联 抵扣联 购货方抵扣凭证

图 3-125　原始凭证 1

2303532114　　**广东增值税专用发票**

发票联　　No：61135234

机打编号：66373542724　　开票日期：2020 年 12 月 20 日

税总函〔2020〕001 广州白云印刷有限公司

购买方	名称：广州康成有限责任公司 纳税人识别号：524400007792114319O 地址、电话：广州市黄埔区新龙路 130 号 020-82878000 开户行及账号：工商银行新龙街支行 6222020000111222001				密码区	（略）		
货物或应税劳务、服务名称	规格型号	单位	数量	单价	金额	税率	税额	
清理费					500	3%	15	
合计					￥500.00		￥15	
价税合计（大写）	伍佰壹拾伍元整				（小写）￥515.00			
销货方	名称：广州旧货回收服务有限公司 纳税人识别号：43030139651011301734 地址、电话：广州市黄埔区新龙街 235 号 020-82873333 开户行及账号：工商银行新龙街支行 6223021030121242034				备注	校验码：62141194224192438744		

收款人：　　复核：　　开票人：陈淑梅　　销售单位：（章）

第三联 发票联 购货方记账凭证

图 3-126　原始凭证 2

中国工商银行
转账支票存根

No：01103642

附加信息：

出票日期：2020 年 12 月 20 日

收款人：广州旧货回收服务有限公司
金额：￥515.00
用途：支付报废机器设备清理费

单位主管：　　　　会计：陈英

图 3-127　原始凭证 3

经济业务 59：12 月 20 日，报废机器设备残料变价出售（如图 3-128、图 3-129 所示）。

1303632580　　广东增值税专用发票

此联不作报销、扣税凭证使用　　No：21033253

开票日期：2020 年 12 月 20 日

购买方	名称：广州旧货回收服务有限公司 纳税人识别号：430301396510113017 34 地址、电话：广州市黄埔区新龙街 235 号 020-82873333 开户行及账号：工商银行新龙街支行 6223021030121242034					密码区	（略）	
货物或应税劳务、服务名称	规格型号	单位	数量	单价	金额	税率	税额	
出售报废机器设备					2 000	13%	260	
合计					￥2 000		￥260	
价税合计（大写）	贰仟贰佰陆拾元整				（小写）￥2 260			
销货方	名称：广州康成有限责任公司 纳税人识别号：524400007792114319 0 地址、电话：广州市黄埔区新龙路 130 号 020-82878000 开户行及账号：工商银行新龙街支行 6222020000111222001					备注		

收款人：　　复核：　　开票人：陈英　　销售单位：（章）

第一联　记账联　销货方记账凭证

税总函〔2020〕001 广州白云印刷有限公司

（印章：全国统一发票监制章 广东 国家税务总局监制；广州康成有限责任公司 524400007792114319 0 发票专用章）

图 3-128　原始凭证 1

中国工商银行　**进账单**（收账通知）

委托日期 2020 年 12 月 20 日

<table>
<tr><td rowspan="3">收款人</td><td>名称</td><td colspan="3">广州康成有限责任公司</td><td rowspan="3">付款人</td><td>名称</td><td colspan="9">广州旧货回收服务有限公司</td></tr>
<tr><td>账号</td><td colspan="3">6222020000111222001</td><td>账号</td><td colspan="9">6223021030121242034</td></tr>
<tr><td>开户银行</td><td colspan="3">工商银行新龙街支行</td><td>开户银行</td><td colspan="9">工商银行新龙街支行</td></tr>
<tr><td colspan="7" rowspan="2">金额人民币（大写）贰仟贰佰陆拾元整</td><td>百</td><td>十</td><td>万</td><td>千</td><td>百</td><td>十</td><td>元</td><td>角</td><td>分</td></tr>
<tr><td></td><td></td><td>¥</td><td>2</td><td>2</td><td>6</td><td>0</td><td>0</td><td>0</td></tr>
<tr><td colspan="2">票据种类</td><td></td><td>票据张数</td><td colspan="3"></td><td colspan="9" rowspan="3">收款人开户行盖章</td></tr>
<tr><td colspan="2">票据号码</td><td colspan="5"></td></tr>
<tr><td colspan="7">单位主管:　　会计:　　复核:　　记账:</td></tr>
</table>

中国工商银行
新龙街支行
2020.12.20
转讫

此联是收款人开户行交给收款人的收账通知

图 3-129　原始凭证 2

经济业务 60：12 月 20 日，结转固定资产清理净损益（如表 3-11 所示）。

表 3-11　“固定资产清理”账户的发生额情况表

2020 年 12 月 20 日

清理项目名称	借方发生额	贷方发生额	应转出金额	应转入账户名称
合计				

复核：　　　　　　　　　　　　　　　　制表：

经济业务 61：12 月 20 日，出售边角废料（如图 3-130、图 3-131 所示）。

1303632580　　　　**广东增值税专用发票**

此联不作报销、扣税凭证使用　　　　No：21033285

开票日期：2020 年 12 月 20 日

税总函〔2020〕001 广州白云印刷有限公司

购买方	名称：广州三好有限公司 纳税人识别号：523321017802030357 地址、电话：广州市白云区白云大道 25 号 020-53213001 开户行及账号：农业银行白云区支行 6234021000130252070				密码区	（略）	
货物或应税劳务、服务名称	规格型号	单位	数量	单价	金额	税率	税额
边角废料			1 000	5	5 000	13%	650
合计					¥5 000		¥650
价税合计（大写）	伍仟陆佰伍拾元整				（小写）¥5 650		
销货方	名称：广州康成有限责任公司 纳税人识别号：524400007792114319 0 地址、电话：广州市黄埔区新龙路 130 号 020-82878000 开户行及账号：工商银行新龙街支行 6222020000111222001				备注		

第一联 记账联 销货方记账凭证

收款人：　　复核：　　开票人：陈英　　销售单位：（章）

（印章：广州康成有限责任公司 524400007792114319 0 发票专用章）

图 3-130　原始凭证 1

中国工商银行　进账单（收账通知）

委托日期 2020 年 12 月 20 日

收款人	名称	广州康成有限责任公司	付款人	名称	广州三好有限公司
	账号	6222020000111222001		账号	6234021000130252070
	开户银行	中国工商银行新龙街支行		开户银行	农业银行白云区支行

金额	百	十	万	千	百	十	元	角	分
人民币（大写）伍仟陆佰伍拾元整			¥	5	6	5	0	0	0

票据种类	银行本票	票据张数	1 张	
票据号码				
单位主管：　会计：　复核：　记账：				收款人开户行盖章

（印章：中国工商银行新龙街支行 2020.12.20 转讫）

此联是收款人开户行交给收款人的收账通知

图 3-131　原始凭证 2

经济业务 62：12 月 21 日，支付本月水费（如图 3-132、图 3-133、图 3-134、表 3-12 所示）。

2874671611　　**广东增值税专用发票**

抵扣联

No：25176471

开票日期：2020 年 12 月 21 日

税总函【2020】001 广州白云印刷有限公司

购买方	名称：广州康成有限责任公司 纳税人识别号：524400077921143190 地址、电话：广州市黄埔区新龙路 130 号 020-82878000 开户行及账号：工商银行新龙街支行 6222020000111222001				密码区	（略）	
货物或应税劳务、服务名称	规格型号	单位	数量	单价	金额	税率	税额
水费		吨	1 250	3.5	4 375	9%	393.75
合计					¥4 375		¥393.75
价税合计（大写）	肆仟柒佰陆拾捌元柒角伍分				（小写）¥4 768.75		
销货方	名称：广州市黄埔区自来水公司 纳税人识别号：3232213183422353134 地址、电话：广州市黄埔区青年路 140 号 020-32323213 开户行及账号：工商银行黄埔区支行 6223221030132222444				备注		

收款人：　　复核：　　开票人：莫小宇　　销售单位：（章）

第二联　抵扣联　购货方扣税凭证

（印章：广州市黄埔区自来水公司 3232213183422353134 发票专用章）

图 3-132　原始凭证 1

2874671611　　**广东增值税专用发票**

发票联

No：25176471

开票日期：2020 年 12 月 21 日

税总函【2020】001 广州白云印刷有限公司

购买方	名称：广州康成有限责任公司 纳税人识别号：524400077921143190 地址、电话：广州市黄埔区新龙路 130 号 020-82878000 开户行及账号：工商银行新龙街支行 6222020000111222001				密码区	（略）	
货物或应税劳务、服务名称	规格型号	单位	数量	单价	金额	税率	税额
水费		m^3	1 250	3.5	4 375	9%	393.75
合计					¥4 375		¥393.75
价税合计（大写）	肆仟柒佰陆拾捌元柒角伍分				（小写）¥4 768.75		
销货方	名称：广州市黄埔区自来水公司 纳税人识别号：3232213183422353134 地址、电话：广州市黄埔区青年路 140 号 020-32323213 开户行及账号：工商银行黄埔区支行 6223221030132222444				备注		

收款人：　　复核：　　开票人：莫小宇　　销售单位：（章）

第三联　发票联　购货方记账凭证

（印章：广州市黄埔区自来水公司 3232213183422353134 发票专用章）

图 3-133　原始凭证 2

中国工商银行
转账支票存根

No：01103644
附加信息：

出票日期：2020 年 12 月 21 日

收款人：广州市黄埔区自来水公司
金额：¥4 768. 75
用途：支付水费

单位主管：　　　　会计：陈英

图 3-134　原始凭证 3

表 3-12　12 月份部门用水情况汇总表

2020 年 12 月 21 日

使用部门		用水量（m^3）	单价（元/ m^3）	水费
基本生产车间	一车间	400	3. 50	1 400
	二车间	400		1 400
车间管理部门		200		700
行政管理部门		100		350
销售部门		50		175
财务部门		100		350
合计		1 250		4 375

复核：　　　　　　　　　　　　　　　　　　记录员：张小可

经济业务 63：12 月 22 日，开出转账支票向希望工程损款（如图 3-135、图 3-136 所示）。

希望工程捐款收据　　No 4329276

收款日期 2020 年 12 月 22 日

缴款单位 (或缴款人)	广州康成有限责任公司									
款项内容	捐希望工程款。									
金额人民币（大写）	伍万元整	百	十	万	千	百	十	元	角	分
			¥	5	0	0	0	0	0	0

广州爱心希望工程 财务专用章

图 3-135　原始凭证 1

中国工商银行
转账支票存根

No：01103645

附加信息：

出票日期：2020 年 12 月 22 日

收款人：广州爱心希望工程	
金额：¥50 000.00	
用途：捐赠希望工程款	

单位主管：　　　　会计：陈英

图 3-136　原始凭证 2

经济业务 64：12 月 22 日，支付本月电费（如图 3-137、图 3-138、图 3-139、表 3-13 所示）。

3874671713　　**广东增值税专用发票**

抵扣联

No：26176676

开票日期：2020 年 12 月 22 日

税总函【2020】001 广州白云印刷有限公司

购买方	名称：广州康成有限责任公司 纳税人识别号：524400077921143190 地址、电话：广州市黄埔区新龙路 130 号 020-82878000 开户行及账号：工商银行新龙街支行 6222020000111222001				密码区	（略）	
货物或应税劳务、服务名称	规格型号	单位	数量	单价	金额	税率	税额
电费		度	6 250	1	6 250	13%	812.50
合计					¥6 250		¥812.50
价税合计（大写）	柒仟零陆拾贰元伍角整				（小写）¥7 062.50		
销货方	名称：广州市黄埔区电力公司 纳税人识别号：323231313342235333 地址、电话：广州市黄埔区青年路 145 号 020-32323222 开户行及账号：工商银行黄埔区支行 6223221030132222666				备注		

收款人：　　复核：　　开票人：张来电　　销售单位：（章）

第二联 抵扣联 购货方扣税凭证

图 3-137　原始凭证 1

3874671713　　**广东增值税专用发票**

发票联

No：26176676

开票日期：2020 年 12 月 22 日

税总函【2020】001 广州白云印刷有限公司

购买方	名称：广州康成有限责任公司 纳税人识别号：524400077921143190 地址、电话：广州市黄埔区新龙路 130 号 020-82878000 开户行及账号：工商银行新龙街支行 6222020000111222001				密码区	（略）	
货物或应税劳务、服务名称	规格型号	单位	数量	单价	金额	税率	税额
电费		度	6 250	1	6 250	13%	812.50
合计					¥6 250		¥812.50
价税合计（大写）	柒仟零陆拾贰元伍角整				（小写）¥7 062.50		
销货方	名称：广州市黄埔区电力公司 纳税人识别号：323231313342235333 地址、电话：广州市黄埔区青年路 145 号 020-32323222 开户行及账号：工商银行黄埔区支行 6223221030132222666				备注		

收款人：　　复核：　　开票人：张来电　　销售单位：（章）

第三联 发票联 购货方记账凭证

图 3-138　原始凭证 2

中国工商银行 转账支票存根 No：01103645 附加信息： ______ ______ ______ 出票日期：2020 年 12 月 22 日
收款人：广州市黄埔区电力公司
金额：￥7 062.50
用途：支付电费
单位主管：　　　　会计：陈英

图 3-139　原始凭证 3

表 3-13　12 月份部门用电情况汇总表

2020 年 12 月 22 日

使用部门		耗电量（度）	单价（元/ m^3）	电费
基本生产车间	一车间	2 500	1.00	2 500
	二车间	2 500		2 500
车间管理部门		500		500
行政管理部门		150		150
销售部门		100		100
财务部门		500		500
合计		6 250		6 250

复核：　　　　　　　　　　　　　　　　　　记录员：张小可

经济业务 65：12 月 23 日，现金盘点，发生溢余（长款）（如图 3-140 所示）。

现金盘点报告单

2020 年 12 月 23 日

日期	账面余额	实际库存额	长款	短款	原因	处理意见
2020. 12. 23			200		待查	
合计			200			

出纳：李明月　　　　会计：陈英　　　　会计主管：谭景新

图 3-140　原始凭证

经济业务 66：12 月 24 日，经批准现金溢余（长款）转营业外收入（如图 3-141 所示）。

现金盘点报告单

2020 年 12 月 24 日

日期	账面余额	实际库存额	长款	短款	原因	处理意见
2020. 12. 24			200		无法查明原因	转入“营业外收入” 刘晓珍 2020. 12. 24
合计			200			

出纳：李明月　　　　会计：陈英　　　　会计主管：谭景新

图 3-141　原始凭证

经济业务 67：12 月 25 日，计提本月工资费用，并计算本月应缴社会保险费、应负担的工会经费、应负担的职工教育经费和应负担的职工住房公积金及代扣项（如表 3-14 所示）。

表 3-14　工资结算单

2020 年 12 月　　　　单位：元

部门＼薪酬		应发合计	社会保险（12%）	公积金（8%）	工会经费（2%）	职工教育经费（8%）	合计	个人代扣项				实发合计
								社会保险（8%）	公积金（8%）	个人所得税	合计	
基本生产车间	甲产品	50 000										
	乙产品	50 000										
车间管理部门		80 000										
行政管理部门		30 000										
销售部门		40 000										
财务部门		20 000										
合计		270 000										

制表人：

经济业务 68：12 月 31 日，计算本月应交增值税（如表 3-15 所示）。

表 3-15　增值税纳税申报表

（一般纳税人适用）

根据国家税收法律法规及增值税相关规定制定本表，纳税人不论有无销售额，均应按税务机关核定的纳税期限填写本表，并向当地税务机关申报。

税款所属期：2020 年 12 月 1 日至 2020 年 12 月 31 日　填报日期：2020 年 12 月 31 日　　金额单位：元至角分

纳税人识别号	5244000077921143190			所属行业			
纳税人名称	广州康成有限责任公司	法人代表人	刘俊	注册地址		生产经营地址	
开户银行及账号	工行新龙街支行 6222020000111222001			登记注册类型		电话号码	

项目		栏次	一般项目		即征即退项目	
			本月数	本年累计	本月数	本年累计
销售额	（一）按适用税率征税货物及劳务销售额	1				
	其中：应税货物销售额	2				
	应税劳务销售	3				
	应税检查调整的销售额	4				
	（二）按简易征收办法税货物销售额	5				
	其中：纳税检查调整的销售额	6				
	（三）免、抵、退办法出口销售额	7				
	（四）免税销售额	8				
	其中：免税货物销售额	9				
	免税劳销售额	10				
税款计算	销项税额	11				
	进项税额	12				
	上期留抵税额	13				
	进项税额转出	14				
	免、抵、退应退税额	15				
	按适用税率计算的纳税检查应补缴税额	16				
	应抵扣税额合计	17=12+13-14-15+16				
	实际抵扣税额	18（如 17<11，则是为 17，否则为 11）				
	应纳税额	19=11-18				
	期末留抵税额	20=17-18				
	简易计税办法计算的应纳税额	21				
	按易计税办法计算的应纳税检查应补缴税额	22				
	应纳税额减征额	23				
	应纳税额合计	24=19+21-23				

表 3-15（续）

税款缴纳	期初未缴税额（多缴为负数）	25				
	实收出口开具专用缴款书退税额	26				
	本期已缴税额	27=28+29+30+31				
	分次预缴税额	28				
	出口开具专用缴款书预缴税额	29				
	本期缴纳上期应纳税额	30				
	本期缴纳欠缴税额	31				
	期末未缴税额（多缴为负数）	32=24+25+26-27				
	其中：欠缴税额（≥0）	33=25+26-27				
	本期应补（退）税额	34=24-28-29				
	即征即退实际退税额	35				
	期初未缴查补税额	36				
	本期入库查补税额	37				
	期末未缴查补税额	38=16+22+36-37				
授权声明	如果你已委托代理人申报，请填写下列资料： 为代理一切税务事宜，现授权　　　　　（地址） 为本纳纳税人代理申报人，任何与本申报有关的往来文件，都可寄于此人。 授权人签字：	申报人声明	此纳税申报是根据国家税收法律及相关法规填报的，我确定它是真实的、可靠的、完整的。 声明人签字：			

主管税务机关：　　　　　　　　　　　　接收人：　　　　　　　　　　　　接收日期：

经济业务 69：12 月 31 日，计算本月应负担的城市维护建设税等各项税费（如表 3-16所示）。

表 3-16　广东省地方税（费）纳税（费）申报表

纳税人名称（盖章）：广州康成有限责任公司

纳税人识别号：5244000077921143190　2020 年 12 月 31 日　　　　　　金额：元

序号	税种	应税项目	税款所属期	计税数量	计税金额	税率或单位税额	应纳税款	指准减免税额	批准缓缴税额	已缴税额	应入库税额
1	城市维护建设税	增值税附征	12 月			7%					
2	地方教育费附加	增值税附征	12 月			2%					
3	教育费附加	增值税附征	12 月			3%					
4	印花税	购销合同	12 月			0.3%					
5	应交房产税	经营用房屋	12 月			1.2%					
合计											
减免税性质											

企业负责人：　　　财会主管：　　　办税员：　　　税务经办人：

经济业务70：12月31日，汇总1-31日发料单，编制“发出材料金额汇总表”（如表3-17、表3-18、表3-19所示）。

表3-17　购入材料加权平均单位成本计算汇总表

2020年12月31日

材料名称及型号		本月期初		本月购入		加权平均单价
		数量	金额	数量	金额	
原材料	A材料					
	B材料					
周转材料	甲产品包装箱					
	乙产品包装箱					

注：采用加权平均计算单价，不能整除的约等小数点后两位。

表3-18　发出材料数量汇总表

2020年12月31日

材料名称及型号		领材料用途				发出数量合计
		基本生产车间领用		车间管理部门领用		
		甲产品	乙产品			
原材料	A材料					
	B材料					
周转材料	甲产品包装箱					
	乙产品包装箱					

表3-19　发出材料数量汇总表

2020年12月31日

材料名称及型号		领材料用途				发出金额合计
		基本生产车间领用		车间管理部门领用		
		甲产品	乙产品			
原材料	A材料					
	B材料					
周转材料	甲产品包装箱					
	乙产品包装箱					
	合计					

经济业务 71：12 月 31 日，进行存货盘点清查，发现盘亏 A 材料（如表 3-20 所示）。

表 3-20　存货盘点报告表

2020 年 12 月 31 日

存货类别	存货名称	计量单位	数量（千克）		盘盈		盘亏		备注
			账存	实存	数量	金额	数量	金额	
原材料	A 材料	千克					100		
合计							100		

仓库管理员：　　　　　　　　　　　　　　　　　　　　　　　　　制表人：

经济业务 72：12 月 31 日，根据批复，进行核销存货盘亏的账务处理（见图 3-142 所示）。

关于核销存货盘亏的请示

公司领导：

年末盘点原材料，发现 原材料——A 材料盘亏 100 千克，经查明盘亏原因属于合量范围内的计量误差，请批准转入“管理费用”。

财务部

2020 年 12 月 31 日

财务部

经研究决定，同意财务部清查小组意见。

2020 年 12 月 31 日

图 3-142　原始凭证

经济业务73：12月31日，按应收账款余额的5%计提坏账准备（见表3-21所示）。

表3-21　坏账准备计提计算表

2020年12月31日

项目		行次	金额
“应收账款”账户期末余额		1	
计提比例		2	5%
应计提坏账准备		3	
“坏账准备”账户的现有余额	借方	4	
	贷方	5	
应补提坏账准备		6	
应冲回坏账准备		7	

复核：　　　　　　　　　　　　　　　　　　　　　　　　　制表人：

经济业务74：12月31日，计提固定资产累计折旧（如表3-22所示）。

表3-22　计提固定资产累计折旧

2020年12月31日

部门	固定资产类型	固定资产原值（元）	预计净残值（元）	预计使用限	已计提折旧	月折旧额
一车间	房屋					
	机器及其他设备					
	运输设备					
小计						
二车间	房屋					
	机器及其他设备					
	运输设备					
小计						
车间管理部门	房屋					
	机器及其他设备					
	运输设备					
小计						
合计						

复核：　　　　　　　　　　　　　　　　　　　　　　　　　制表人：

经济业务 75：12 月 31 日，计提无形资产应摊销的金额（如表 3-23 所示）。

表 3-23　计提无形资产推销表

2020 年 12 月 31 日

项目	账面成本	摊销期限（年）	当月摊销额
专利技术		5	
合计			

复核：　　　　　　　　　　　　　　　　　　　　　　　　制表人：

注：采用平均年限法。

经济业务 76：12 月 31 日，摊销本月应承担的财产保险费（如表 3-24 所示）。

表 3-24　计算摊销财产保险费

2020 年 12 月 31 日

费用项目	推销期间	共摊销期限（月）	未摊销期限（月）	未摊销金额	本月摊销额
财产保险费					
合计					

复核：　　　　　　　　　　　　　　　　　　　　　　　　制表人：

经济业务 77：12 月 31 日，结转本月发生的职工福利费支出（如表 3-25 所示）。

表 3-25　内部转账单

2020 年 12 月 31 日

项目	金额
结转本月发生的职工福利费支出	

复核：　　　　　　　　　　　　　　　　　　　　　　　　制表人：

经济业务 78：12 月 31 日，将制造费用按生产工时比例分配结转（如表 3-26、表 3-27、表 3-28 所示）。

表 3-26　产品生产工时统计表

2020 年 12 月 31 日

车间管理部门	生产工时数（小时）	备注
甲产品	180	
乙产品	160	
合计	340	

车间管理人员：冯一　　　　　　　　　　　　　　　　　制表人：张小基

表 3-27　制造费用统计表

2020 年 12 月 31 日

项目	名称	金额
制造费用	车间管理部门	
	一车间	
	二车间	
合计		

车间管理人员：　　　　　　　　　　　　　　　　　　制表人：

表 3-28　制造费用分配表

2020 年 12 月 31 日

生产车间	应分配制造费用	生产工时（小时）	分配率	应分配金额
甲产品				
乙产品				
合计				

复核：　　　　　　　　　　　　　　　　　　制表人：

注：分配率保留四位小数。

经济业务 79：12 月 31 日，并结转完工入库产品成本（如表 3-29 所示）。

表 3-29　完工产品入库汇总表

2020 年 12 月 31 日

产品名称	计量单位	完工入库数量	单位成本	总成本
甲产品	件			
乙产品	件			
合计				

复核：　　　　　　　　　　　　　　　　　　制表人：

注：单位成本保留四位小数。

经济业务 80：12 月 31 日，编制已销产品成本计算单，并结转已销产品成本（如表 3-30、表 3-31 所示）。

表 3-30　库存商品加权平均单位成本计算表

2020 年 12 月 31 日

生产车间	计量单位	本月期初结存		本月完工入库+退回		加权平均单位成本
		数量	金额	数量	金额	
甲产品	件					
乙产品	件					
合计						

复核：　　　　　　　　　　　　　　　　　　制表人：

表 3-31　已销产品成本计算表

2020 年 12 月 31 日

产品名称	销售数量	加权平均单位成本	总成本
甲产品			
乙产品			
合计			

复核：　　　　　　　　　　　　　　　　　　　　　　制表人：

经济业务 81：12 月 31 日，计算应交企业所得税（如表 3-32、表 3-33 所示）。

表 3-32　企业所得计算表

时间：2020 年 12 月 1 日至 2020 年 12 月 31 日　　　　单位：元

项目	行次	本月金额
三、利润总额（亏损以“—”号填列）	1	
加：纳税调整增加额	2	
减：纳税调整减少额	3	
四、应纳税所得额	4	
适用税率	5	
五、应纳所得税额	6	
减：已预缴所得税	7	
六、应补缴或退回所得税	8	

会计负责人：　　　　　　　　　　　　　　　　　　　制表人：

注：应进行纳税调整的项目：

1、估计的坏账准备不能扣除。

2、业务招待费按发生额的 60% 扣除，但最高不得超过当年销售（营业）收入的 0.5%。

表 3-33　暂时性差异计算表

2020 年 12 月 31 日

项目	暂时性差异		备注
	可抵扣暂时性差异	应纳税暂时性差异	
合计			

复核：　　　　　　　　　　　　　　　　　　　　　　制表：

经济业务 82：12 月 31 日，将损益类的支出类账户净发生额转入“本年利润”借方（如表 3-34 所示）。

表 3-34　内部转账单

2020 年 12 月 31 日

<table>
<tr><th rowspan="2">摘要</th><th rowspan="2" colspan="2">结转项目</th><th colspan="2">转入本年利润前净发生额</th></tr>
<tr><th>借方</th><th>贷方</th></tr>
<tr><td rowspan="9">结转“本年利润”账户借方</td><td rowspan="2">主营业务成本</td><td>甲产品</td><td></td><td></td></tr>
<tr><td>乙产品</td><td></td><td></td></tr>
<tr><td colspan="2">税金及附加</td><td></td><td></td></tr>
<tr><td colspan="2">销售费用</td><td></td><td></td></tr>
<tr><td colspan="2">管理费用</td><td></td><td></td></tr>
<tr><td colspan="2">财务费用</td><td></td><td></td></tr>
<tr><td colspan="2">营业外支出</td><td></td><td></td></tr>
<tr><td colspan="2">资产减值损失</td><td></td><td></td></tr>
<tr><td colspan="2">所得税费用</td><td></td><td></td></tr>
<tr><td colspan="3">合计</td><td></td><td></td></tr>
</table>

复核：　　　　　　　　　　　　　　　　　　　　　　　　制表人：

经济业务 83：12 月 31 日，将损益类的收入类账户净发生额转入“本年利润”贷方（如表 3-35 所示）。

表 3-35　内部转账单

2020 年 12 月 31 日

<table>
<tr><th rowspan="2">摘要</th><th rowspan="2" colspan="2">结转项目</th><th colspan="2">转入本年利润前净发生额</th></tr>
<tr><th>借方</th><th>贷方</th></tr>
<tr><td rowspan="5">结转“本年利润”账户贷方</td><td rowspan="2">主营业务收入</td><td>甲产品</td><td></td><td></td></tr>
<tr><td>乙产品</td><td></td><td></td></tr>
<tr><td colspan="2">其他业务收入</td><td></td><td></td></tr>
<tr><td colspan="2">投资收益</td><td></td><td></td></tr>
<tr><td colspan="2">营业外收入</td><td></td><td></td></tr>
<tr><td colspan="3">合计</td><td></td><td></td></tr>
</table>

复核：　　　　　　　　　　　　　　　　　　　　　　　　制表人：

经济业务 84：12 月 31 日，结转“本年利润”账户（如表 3-36 所示）。

表 3-36 内部转账单

2020 年 12 月 31 日

摘要	转入利润分配前净发生额	
	借方	贷方
将“本年利润”结转到“利润分配”账户		
合计		

复核： 制表人：

经济业务 85：12 月 31 日，按全年净利润的 10%提取法定盈余公积金（如表 3-37 所示）。

表 3-37 提取盈余公积

2020 年 12 月 31 日

项目名称	按本年净利润提取（期初未分配利润+本期净利润）	提取比例	提取金额
法定盈余公积			
合计			

复核： 制表人：

经济业务 86：12 月 31 日，按未分配利润 40%向投资者分配股利（如表 3-38 所示）。

表 3-38 应付利润分配表

2020 年 12 月 31 日

分配对象	可供分配金额	分配比例	分配金额
按提取法定盈余积金后可分配利润的 40%向投资者分配股利			
合计			

复核： 制表人：

经济业务 87：12 月 31 日，结转“利润分配”有关明细账户的余额（如表 3-39 所示）。

表 3-39 内部转账单

2020 年 12 月 31 日

摘要	转账项目	金额
结转到“利润分配——未分配利润”账户		
合计		

复核： 制表人：

经济业务 88：12 月 31 日，编制科目汇总表，按上中下三旬编制科目汇总表（如表 3-40、表 3-41、表 3-42 所示）。

表 3-40　科目汇总表

2020 年 12 月 1 日-2020 年 12 月 10 日　　科汇 01

序号	科目名称	本期发生额		记账
		借方	贷方	
合计				

记账：　　审核：　　制表人：

表 3-41　科目汇总表

2020 年 12 月 11 日-2020 年 12 月 20 日　　　　科汇 02

序号	科目名称	本期发生额		记账
		借方	贷方	
合计				

记账：　　　　审核：　　　　制表人：

表 3-42 科目汇总表

2020 年 12 月 21 日-2020 年 12 月 31 日　　　　科汇 03

序号	科目名称	本期发生额		记账
		借方	贷方	
合计				

记账：　　　　审核：　　　　制表人：

经济业务 89：12 月 31 日，编制总账余额及发生额试算平衡表，登记各种账簿并进行期末对账和结账（如表 3-43 所示）。

表 3-43　总账余额及发生额试算平衡表

2020 年 12 月 31 日

序号	科目名称	期初余额		本期发生额		期末余额	
		借方	贷方	借方	贷方	借方	贷方
合计							

审核：　　　　　　　　　　　　　　　　　　　　　　　　制表人：

经济业务 90：12 月 31 日，编制会计报表（资产负债表、利润表、所有者权益变动表、现金流量表）（如表 3-44、表 3-45、表 3-46、表 3-47 所示）。

表 3-44　资产负债表（简表）

会企 01 表

编制单位：广州康成有限责任公司　2020 年 12 月 31 日　单位：元

资产	年末余额	期初数	负债及所有者权益	年末余额	期初数
货币资金			短期借款		
应收票据			应付票据		
应收账款			应付账款		
预付账款			应付职工薪酬		
存货			应交税费		
流动资产合计			应付股利		
固定资产			其他应付款		
在建工程			流动负债合计		
无形资产			长期借款		
递延所得税资产			非流动负债合计		
非流动资产合计			负债合计		
			实收资本（或股本）		
			资本公积		
			盈余公积		
			未分配利润		
			所有者权益合计		
资产总计			负债及所有者权益合计		

第三部分　会计综合应用能力训练资料

表 3-45　利润表（简表）

会企 02 表

编制单位：广州康成有限责任公司　　2020 年 12 月　　单位：元

项目名称	本期金额	上期金额
一、营业收入		
减：营业成本		
税金及附加		
销售费用		
管理费用		
财务费用		
资产减值损失		
加：公允价值变动损益（损失以"－"号填列）		
投资收益（损失以"－"号填列）		
二、营业利润（亏损以"－"号填列）		
加：营业外收入		
减：营业外支出		
其中：非流动资产处置损失		
三、利润总额（亏损总额以"－"号填列）		
减：所得税费用		
四、净利润（净亏损以"－"号填列）		

表 3-46　现金流量表

会企 03 表

编制单位：广州康成有限责任公司　　2020 年度　　单位：元

项目	行次	本年金额	上年金额
一、经营活动产生的现金流量	1		
销售商品、提供劳务收到的现金	2		
收到税费返还	3		
收到其他与经营活动有关的现金	4		
经营活动现金流入小计	5		
购买商品、接受劳务支付的现金	6		
支付给职工以及为职工支付的现金	7		
支付的各项税费	8		
支付其他与经营活动有关的现金	9		
经营活动现金流出小计	10		

表 3-46（续）

项目	行次	本年金额	上年金额
经营活动产生的现金流量净额	11		
二、投资活动产生的现金流量：	12		
收回投资收到的现金	13		
取得投资收益收到的现金	14		
处置固定资产、无形资产和其他长期资产收回的现金净额	15		
处置子公司及其他营业单位收到的现金净额	16		
收到其他与投资活动有关的现金	17		
投资活动现金流入小计	18		
购建固定资产、无形资产和其他长期资产支付的现金	19		
投资支付的现金	20		
取得子公司及其他营业单位支付的现金净额	21		
支付其他与投资活动有关的现金	22		
投资活动现金流出小计	23		
投资活动产生的现金流量净额	24		
三、筹资活动产生的现金流量：	25		
吸收投资收到的现金	26		
取得借款收到的现金	27		
收到其他与筹资活动有关的现金	28		
筹资活动现金流入小计	29		
偿还债务支付现金	30		
分配股利、利润或偿付利息支付的现金	31		
支付其他与筹资活动有关的现金	32		
筹资活动现金流出小计	33		
筹资活动产生的现金流量净额	34		
四、汇率变动对现金及现金等价物的影响	35		
五、现金及现金等价物净增加额	36		
加：期初现金及现金等价物余额	37		
六、期末现金及现金等价物余额	38		

表 3-47　所有者权益（股东权益）变动表

会企 04 表

编制单位：广州康成有限责任公司　　2020 年 12 月　　单位：元

项目	本年金额					
	实收资本（或股本）	资本公积	盈余公积	未分配利润	库存股（减项）	所有者权益合计
一、上年年末数据						
1、会计政策变更						
2、前期差错更正						
二、本年初余额						
三、本年增减变动金额						
（一）本年净利润						
（二）直接计入所有者权益的利得和损失						
1、可供出售金融资产公允价值变动净额						
2、现金流量套期工具公允价值变动净额						
3、与计入所有者权益项目相关的所得税影响						
4、其他						
小计						
（三）所有者投入资本						
1、所有者本期投入资本						
2、本年购回库存股						
3、股份支付计入所有者权益的金额						
（四）本年利润分配						
1、对所有者（或股东）的分配						
2、提取盈余公积						
（五）所有者权益内部结转						
1、资本公积转增资本						
2、盈余公积转增资本						
3、盈余公积弥补亏损						
四、本年年末余额						

拓展练习

拓展练习 1

拓展练习 2

拓展练习 3

拓展练习 4

拓展练习 5

拓展练习 6

拓展练习 7

拓展练习 8

拓展练习 9

拓展练习 10

拓展练习 11

拓展练习 12

拓展练习 13

拓展练习 14

第四部分

会计综合应用能力训练相关凭证、账簿和报表资料

一、通用记账凭证

记账凭证

年　　月　　日　　　　　　　　　　　　字第　　号

摘要	会计科目		借方金额											贷方金额											记账√
	总账科目	明细科目	亿	千	百	十	万	千	百	十	元	角	分	亿	千	百	十	万	千	百	十	元	角	分	
附件　　张	合　计																								

会计主管：　　　记账：　　　出纳：　　　审核：　　　制证：

记账凭证

年　　月　　日　　　　　　　　字第　　号

摘要	会计科目		借方金额											贷方金额											记账√
	总账科目	明细科目	亿	千	百	十	万	千	百	十	元	角	分	亿	千	百	十	万	千	百	十	元	角	分	
附件　张	合计																								

会计主管：　　记账：　　出纳：　　审核：　　制证：

记账凭证

年　　月　　日　　　　　　　　字第　　号

摘要	会计科目		借方金额											贷方金额											记账√
	总账科目	明细科目	亿	千	百	十	万	千	百	十	元	角	分	亿	千	百	十	万	千	百	十	元	角	分	
附件　张	合计																								

会计主管：　　记账：　　出纳：　　审核：　　制证：

记账凭证

年　　月　　日　　　　　　　　　　字第　　号

摘要	会计科目		借方金额											贷方金额											记账
	总账科目	明细科目	亿	千	百	十	万	千	百	十	元	角	分	亿	千	百	十	万	千	百	十	元	角	分	√
附件　　张	合　计																								

会计主管：　　　记账：　　　出纳：　　　审核：　　　制证：

记账凭证

年　　月　　日　　　　　　　　　　字第　　号

摘要	会计科目		借方金额											贷方金额											记账
	总账科目	明细科目	亿	千	百	十	万	千	百	十	元	角	分	亿	千	百	十	万	千	百	十	元	角	分	√
附件　　张	合　计																								

会计主管：　　　记账：　　　出纳：　　　审核：　　　制证：

记账凭证

年　　月　　日　　　　　　　　　　字第　　号

摘　要	会计科目		借方金额											贷方金额											记账
	总账科目	明细科目	亿	千	百	十	万	千	百	十	元	角	分	亿	千	百	十	万	千	百	十	元	角	分	√
附件　　张	合　计																								

会计主管：　　记账：　　出纳：　　审核：　　制证：

记账凭证

年　　月　　日　　　　　　　　　　字第　　号

摘　要	会计科目		借方金额											贷方金额											记账
	总账科目	明细科目	亿	千	百	十	万	千	百	十	元	角	分	亿	千	百	十	万	千	百	十	元	角	分	√
附件　　张	合　计																								

会计主管：　　记账：　　出纳：　　审核：　　制证：

记账凭证

年　　月　　日　　　　　　　　字第　　号

摘要	会计科目		借方金额											贷方金额											记账
	总账科目	明细科目	亿	千	百	十	万	千	百	十	元	角	分	亿	千	百	十	万	千	百	十	元	角	分	√
附件　　张	合　计																								

会计主管：　　记账：　　出纳：　　审核：　　制证：

记账凭证

年　　月　　日　　　　　　　　字第　　号

摘要	会计科目		借方金额											贷方金额											记账
	总账科目	明细科目	亿	千	百	十	万	千	百	十	元	角	分	亿	千	百	十	万	千	百	十	元	角	分	√
附件　　张	合　计																								

会计主管：　　记账：　　出纳：　　审核：　　制证：

记账凭证

年　　月　　日　　　　　　　　　　　　　　　　字第　　号

摘要	会计科目		借方金额											贷方金额											记账
	总账科目	明细科目	亿	千	百	十	万	千	百	十	元	角	分	亿	千	百	十	万	千	百	十	元	角	分	√
附件　张	合计																								

会计主管：　　记账：　　出纳：　　审核：　　制证：

记账凭证

年　　月　　日　　　　　　　　　　　　　　　　字第　　号

摘要	会计科目		借方金额											贷方金额											记账
	总账科目	明细科目	亿	千	百	十	万	千	百	十	元	角	分	亿	千	百	十	万	千	百	十	元	角	分	√
附件　张	合计																								

会计主管：　　记账：　　出纳：　　审核：　　制证：

记账凭证

年　月　日　　　　字第　号

摘要	会计科目		借方金额											贷方金额											记账√
	总账科目	明细科目	亿	千	百	十	万	千	百	十	元	角	分	亿	千	百	十	万	千	百	十	元	角	分	
附件　张	合计																								

会计主管：　　记账：　　出纳：　　审核：　　制证：

记账凭证

年　月　日　　　　字第　号

摘要	会计科目		借方金额											贷方金额											记账√
	总账科目	明细科目	亿	千	百	十	万	千	百	十	元	角	分	亿	千	百	十	万	千	百	十	元	角	分	
附件　张	合计																								

会计主管：　　记账：　　出纳：　　审核：　　制证：

记 账 凭 证

年　　月　　日　　　　　　　　　　字第　　号

摘　要	会计科目		借方金额											贷方金额											记账
	总账科目	明细科目	亿	千	百	十	万	千	百	十	元	角	分	亿	千	百	十	万	千	百	十	元	角	分	√
附件　　　张	合　计																								

会计主管：　　　记账：　　　出纳：　　　审核：　　　制证：

记 账 凭 证

年　　月　　日　　　　　　　　　　字第　　号

摘　要	会计科目		借方金额											贷方金额											记账
	总账科目	明细科目	亿	千	百	十	万	千	百	十	元	角	分	亿	千	百	十	万	千	百	十	元	角	分	√
附件　　　张	合　计																								

会计主管：　　　记账：　　　出纳：　　　审核：　　　制证：

记账凭证

年　　月　　日　　　　　　　　　　　　　　　　字第　　号

摘要	会计科目		借方金额											贷方金额											记账√
	总账科目	明细科目	亿	千	百	十	万	千	百	十	元	角	分	亿	千	百	十	万	千	百	十	元	角	分	
附件　　张	合计																								

会计主管：　　　　记账：　　　　出纳：　　　　审核：　　　　制证：

记账凭证

年　　月　　日　　　　　　　　　　　　　　　　字第　　号

摘要	会计科目		借方金额											贷方金额											记账√
	总账科目	明细科目	亿	千	百	十	万	千	百	十	元	角	分	亿	千	百	十	万	千	百	十	元	角	分	
附件　　张	合计																								

会计主管：　　　　记账：　　　　出纳：　　　　审核：　　　　制证：

记账凭证

年　月　日　　　　字第　号

摘要	会计科目		借方金额											贷方金额											记账
	总账科目	明细科目	亿	千	百	十	万	千	百	十	元	角	分	亿	千	百	十	万	千	百	十	元	角	分	√
附件　张	合计																								

会计主管：　记账：　出纳：　审核：　制证：

记账凭证

年　月　日　　　　字第　号

摘要	会计科目		借方金额											贷方金额											记账
	总账科目	明细科目	亿	千	百	十	万	千	百	十	元	角	分	亿	千	百	十	万	千	百	十	元	角	分	√
附件　张	合计																								

会计主管：　记账：　出纳：　审核：　制证：

记账凭证

年　月　日　　　　字第　号

摘要	会计科目		借方金额											贷方金额											记账
	总账科目	明细科目	亿	千	百	十	万	千	百	十	元	角	分	亿	千	百	十	万	千	百	十	元	角	分	√
附件　张	合计																								

会计主管：　　记账：　　出纳：　　审核：　　制证：

记账凭证

年　月　日　　　　字第　号

摘要	会计科目		借方金额											贷方金额											记账
	总账科目	明细科目	亿	千	百	十	万	千	百	十	元	角	分	亿	千	百	十	万	千	百	十	元	角	分	√
附件　张	合计																								

会计主管：　　记账：　　出纳：　　审核：　　制证：

记 账 凭 证

年　　月　　日　　　　　　　　　　　　字第　　　号

摘　要	会计科目		借方金额											贷方金额											记账
	总账科目	明细科目	亿	千	百	十	万	千	百	十	元	角	分	亿	千	百	十	万	千	百	十	元	角	分	√
附件　　张	合　计																								

会计主管：　　　记账：　　　出纳：　　　审核：　　　制证：

记 账 凭 证

年　　月　　日　　　　　　　　　　　　字第　　　号

摘　要	会计科目		借方金额											贷方金额											记账
	总账科目	明细科目	亿	千	百	十	万	千	百	十	元	角	分	亿	千	百	十	万	千	百	十	元	角	分	√
附件　　张	合　计																								

会计主管：　　　记账：　　　出纳：　　　审核：　　　制证：

记 账 凭 证

年　　月　　日　　　　　　　　　　　　字第　　号

摘　要	会计科目		借方金额											贷方金额											记账
	总账科目	明细科目	亿	千	百	十	万	千	百	十	元	角	分	亿	千	百	十	万	千	百	十	元	角	分	√
附件　　张	合　计																								

会计主管：　　　　记账：　　　　出纳：　　　　审核：　　　　制证：

记 账 凭 证

年　　月　　日　　　　　　　　　　　　字第　　号

摘　要	会计科目		借方金额											贷方金额											记账
	总账科目	明细科目	亿	千	百	十	万	千	百	十	元	角	分	亿	千	百	十	万	千	百	十	元	角	分	√
附件　　张	合　计																								

会计主管：　　　　记账：　　　　出纳：　　　　审核：　　　　制证：

记 账 凭 证

年 月 日 字第 号

摘要	会计科目		借方金额											贷方金额											记账
	总账科目	明细科目	亿	千	百	十	万	千	百	十	元	角	分	亿	千	百	十	万	千	百	十	元	角	分	√
附件 张	合计																								

会计主管： 记账： 出纳： 审核： 制证：

记 账 凭 证

年 月 日 字第 号

摘要	会计科目		借方金额											贷方金额											记账
	总账科目	明细科目	亿	千	百	十	万	千	百	十	元	角	分	亿	千	百	十	万	千	百	十	元	角	分	√
附件 张	合计																								

会计主管： 记账： 出纳： 审核： 制证：

记 账 凭 证

年　　月　　日　　　　　　　　字第　　号

摘　要	会计科目		借方金额											贷方金额											记账
	总账科目	明细科目	亿	千	百	十	万	千	百	十	元	角	分	亿	千	百	十	万	千	百	十	元	角	分	√
附件　　张	合　计																								

会计主管：　　　　记账：　　　　出纳：　　　　审核：　　　　制证：

记 账 凭 证

年　　月　　日　　　　　　　　字第　　号

摘　要	会计科目		借方金额											贷方金额											记账
	总账科目	明细科目	亿	千	百	十	万	千	百	十	元	角	分	亿	千	百	十	万	千	百	十	元	角	分	√
附件　　张	合　计																								

会计主管：　　　　记账：　　　　出纳：　　　　审核：　　　　制证：

记账凭证

年　月　日　　　　　　　　字第　号

摘要	会计科目		借方金额										贷方金额										记账
	总账科目	明细科目	亿	千	百	十	万	千	百	十	元	角	分	亿	千	百	十	万	千	百	十	元	角	分	√
附件　张	合计																								

会计主管：　　记账：　　出纳：　　审核：　　制证：

记账凭证

年　月　日　　　　　　　　字第　号

摘要	会计科目		借方金额										贷方金额										记账
	总账科目	明细科目	亿	千	百	十	万	千	百	十	元	角	分	亿	千	百	十	万	千	百	十	元	角	分	√
附件　张	合计																								

会计主管：　　记账：　　出纳：　　审核：　　制证：

记账凭证

年　　月　　日　　　　　　　　字第　　号

摘要	会计科目		借方金额											贷方金额											记账√
	总账科目	明细科目	亿	千	百	十	万	千	百	十	元	角	分	亿	千	百	十	万	千	百	十	元	角	分	
附件　　张	合计																								

会计主管：　　记账：　　出纳：　　审核：　　制证：

记账凭证

年　　月　　日　　　　　　　　字第　　号

摘要	会计科目		借方金额											贷方金额											记账√
	总账科目	明细科目	亿	千	百	十	万	千	百	十	元	角	分	亿	千	百	十	万	千	百	十	元	角	分	
附件　　张	合计																								

会计主管：　　记账：　　出纳：　　审核：　　制证：

记账凭证

年　月　日　　　　字第　号

摘要	会计科目		借方金额										贷方金额										记账√
	总账科目	明细科目	亿	千	百	十	万	千	百	十	元	角	分	亿	千	百	十	万	千	百	十	元	角	分	
附件　张	合计																						

会计主管：　记账：　出纳：　审核：　制证：

记账凭证

年　月　日　　　　字第　号

摘要	会计科目		借方金额										贷方金额										记账√
	总账科目	明细科目	亿	千	百	十	万	千	百	十	元	角	分	亿	千	百	十	万	千	百	十	元	角	分	
附件　张	合计																						

会计主管：　记账：　出纳：　审核：　制证：

记账凭证

年 月 日　　　　字第 号

摘要	会计科目		借方金额											贷方金额											记账√
	总账科目	明细科目	亿	千	百	十	万	千	百	十	元	角	分	亿	千	百	十	万	千	百	十	元	角	分	
附件 张	合计																								

会计主管：　　记账：　　出纳：　　审核：　　制证：

记账凭证

年 月 日　　　　字第 号

摘要	会计科目		借方金额											贷方金额											记账√
	总账科目	明细科目	亿	千	百	十	万	千	百	十	元	角	分	亿	千	百	十	万	千	百	十	元	角	分	
附件 张	合计																								

会计主管：　　记账：　　出纳：　　审核：　　制证：

记账凭证

年　月　日　　　　　　　　　　　　　　　字第　　号

摘要	会计科目		借方金额											贷方金额											记账√
	总账科目	明细科目	亿	千	百	十	万	千	百	十	元	角	分	亿	千	百	十	万	千	百	十	元	角	分	
附件　　张	合计																								

会计主管：　　　　记账：　　　　出纳：　　　　审核：　　　　制证：

记账凭证

年　月　日　　　　　　　　　　　　　　　字第　　号

摘要	会计科目		借方金额											贷方金额											记账√
	总账科目	明细科目	亿	千	百	十	万	千	百	十	元	角	分	亿	千	百	十	万	千	百	十	元	角	分	
附件　　张	合计																								

会计主管：　　　　记账：　　　　出纳：　　　　审核：　　　　制证：

记 账 凭 证

年　　月　　日　　　　　　　　　　　　字第　　号

摘　要	会计科目		借方金额											贷方金额											记账√
	总账科目	明细科目	亿	千	百	十	万	千	百	十	元	角	分	亿	千	百	十	万	千	百	十	元	角	分	
附件　　张	合　计																								

会计主管：　　记账：　　出纳：　　审核：　　制证：

记 账 凭 证

年　　月　　日　　　　　　　　　　　　字第　　号

摘　要	会计科目		借方金额											贷方金额											记账√
	总账科目	明细科目	亿	千	百	十	万	千	百	十	元	角	分	亿	千	百	十	万	千	百	十	元	角	分	
附件　　张	合　计																								

会计主管：　　记账：　　出纳：　　审核：　　制证：

记账凭证

年　月　日　　　　　　　　　　字第　号

摘要	会计科目		借方金额											贷方金额											记账√
	总账科目	明细科目	亿	千	百	十	万	千	百	十	元	角	分	亿	千	百	十	万	千	百	十	元	角	分	
附件　张	合计																								

会计主管：　　记账：　　出纳：　　审核：　　制证：

记账凭证

年　月　日　　　　　　　　　　字第　号

摘要	会计科目		借方金额											贷方金额											记账√
	总账科目	明细科目	亿	千	百	十	万	千	百	十	元	角	分	亿	千	百	十	万	千	百	十	元	角	分	
附件　张	合计																								

会计主管：　　记账：　　出纳：　　审核：　　制证：

记账凭证

年　月　日　　　　字第　号

摘要	会计科目		借方金额											贷方金额											记账
	总账科目	明细科目	亿	千	百	十	万	千	百	十	元	角	分	亿	千	百	十	万	千	百	十	元	角	分	√
附件　张	合计																								

会计主管：　记账：　出纳：　审核：　制证：

记账凭证

年　月　日　　　　字第　号

摘要	会计科目		借方金额											贷方金额											记账
	总账科目	明细科目	亿	千	百	十	万	千	百	十	元	角	分	亿	千	百	十	万	千	百	十	元	角	分	√
附件　张	合计																								

会计主管：　记账：　出纳：　审核：　制证：

记账凭证

年 月 日　　　　字第 号

摘　要	会计科目		借方金额											贷方金额											记账
	总账科目	明细科目	亿	千	百	十	万	千	百	十	元	角	分	亿	千	百	十	万	千	百	十	元	角	分	√
附件　张	合　计																								

会计主管：　　记账：　　出纳：　　审核：　　制证：

记账凭证

年 月 日　　　　字第 号

摘　要	会计科目		借方金额											贷方金额											记账
	总账科目	明细科目	亿	千	百	十	万	千	百	十	元	角	分	亿	千	百	十	万	千	百	十	元	角	分	√
附件　张	合　计																								

会计主管：　　记账：　　出纳：　　审核：　　制证：

记账凭证

年　　月　　日　　　　　　　　　　　　　　字第　　　号

摘要	会计科目		借方金额											贷方金额											记账√
	总账科目	明细科目	亿	千	百	十	万	千	百	十	元	角	分	亿	千	百	十	万	千	百	十	元	角	分	
附件　　张	合计																								

会计主管：　　　　记账：　　　　出纳：　　　　审核：　　　　制证：

记账凭证

年　　月　　日　　　　　　　　　　　　　　字第　　　号

摘要	会计科目		借方金额											贷方金额											记账√
	总账科目	明细科目	亿	千	百	十	万	千	百	十	元	角	分	亿	千	百	十	万	千	百	十	元	角	分	
附件　　张	合计																								

会计主管：　　　　记账：　　　　出纳：　　　　审核：　　　　制证：

记账凭证

年　月　日　　　　字第　号

摘要	会计科目		借方金额											贷方金额											记账✓
	总账科目	明细科目	亿	千	百	十	万	千	百	十	元	角	分	亿	千	百	十	万	千	百	十	元	角	分	
附件　张	合计																								

会计主管：　记账：　出纳：　审核：　制证：

记账凭证

年　月　日　　　　字第　号

摘要	会计科目		借方金额											贷方金额											记账✓
	总账科目	明细科目	亿	千	百	十	万	千	百	十	元	角	分	亿	千	百	十	万	千	百	十	元	角	分	
附件　张	合计																								

会计主管：　记账：　出纳：　审核：　制证：

记账凭证

年　　月　　日　　　　　　　　　　字第　　号

摘要	会计科目		借方金额											贷方金额											记账√
	总账科目	明细科目	亿	千	百	十	万	千	百	十	元	角	分	亿	千	百	十	万	千	百	十	元	角	分	
附件　　张	合计																								

会计主管：　　　　记账：　　　　出纳：　　　　审核：　　　　制证：

记账凭证

年　　月　　日　　　　　　　　　　字第　　号

摘要	会计科目		借方金额											贷方金额											记账√
	总账科目	明细科目	亿	千	百	十	万	千	百	十	元	角	分	亿	千	百	十	万	千	百	十	元	角	分	
附件　　张	合计																								

会计主管：　　　　记账：　　　　出纳：　　　　审核：　　　　制证：

记 账 凭 证

年　月　日　　　　字第　号

摘要	会计科目		借方金额											贷方金额											记账
	总账科目	明细科目	亿	千	百	十	万	千	百	十	元	角	分	亿	千	百	十	万	千	百	十	元	角	分	√
附件　张	合计																								

会计主管：　　记账：　　出纳：　　审核：　　制证：

记 账 凭 证

年　月　日　　　　字第　号

摘要	会计科目		借方金额											贷方金额											记账
	总账科目	明细科目	亿	千	百	十	万	千	百	十	元	角	分	亿	千	百	十	万	千	百	十	元	角	分	√
附件　张	合计																								

会计主管：　　记账：　　出纳：　　审核：　　制证：

记 账 凭 证

年　　月　　日　　　　　　　　　　　　　　字第　　号

摘　要	会计科目		借方金额											贷方金额											记账√
	总账科目	明细科目	亿	千	百	十	万	千	百	十	元	角	分	亿	千	百	十	万	千	百	十	元	角	分	
附件　　张	合　计																								

会计主管：　　　　记账：　　　　出纳：　　　　审核：　　　　制证：

记 账 凭 证

年　　月　　日　　　　　　　　　　　　　　字第　　号

摘　要	会计科目		借方金额											贷方金额											记账√
	总账科目	明细科目	亿	千	百	十	万	千	百	十	元	角	分	亿	千	百	十	万	千	百	十	元	角	分	
附件　　张	合　计																								

会计主管：　　　　记账：　　　　出纳：　　　　审核：　　　　制证：

记账凭证

年　　月　　日　　　　　　　　　　　　　　　　字第　　　号

摘要	会计科目		借方金额											贷方金额											记账
	总账科目	明细科目	亿	千	百	十	万	千	百	十	元	角	分	亿	千	百	十	万	千	百	十	元	角	分	√
附件　　张	合计																								

会计主管：　　　　记账：　　　　出纳：　　　　审核：　　　　制证：

记账凭证

年　　月　　日　　　　　　　　　　　　　　　　字第　　　号

摘要	会计科目		借方金额											贷方金额											记账
	总账科目	明细科目	亿	千	百	十	万	千	百	十	元	角	分	亿	千	百	十	万	千	百	十	元	角	分	√
附件　　张	合计																								

会计主管：　　　　记账：　　　　出纳：　　　　审核：　　　　制证：

记账凭证

年　　月　　日　　　　　　　　　　　　　　　　字第　　号

摘　要	会计科目		借方金额											贷方金额											记账
	总账科目	明细科目	亿	千	百	十	万	千	百	十	元	角	分	亿	千	百	十	万	千	百	十	元	角	分	√
附件　　张	合　计																								

会计主管：　　记账：　　出纳：　　审核：　　制证：

记账凭证

年　　月　　日　　　　　　　　　　　　　　　　字第　　号

摘　要	会计科目		借方金额											贷方金额											记账
	总账科目	明细科目	亿	千	百	十	万	千	百	十	元	角	分	亿	千	百	十	万	千	百	十	元	角	分	√
附件　　张	合　计																								

会计主管：　　记账：　　出纳：　　审核：　　制证：

记账凭证

年　　月　　日　　　　　　　　字第　　号

摘要	会计科目		借方金额											贷方金额											记账√
	总账科目	明细科目	亿	千	百	十	万	千	百	十	元	角	分	亿	千	百	十	万	千	百	十	元	角	分	
附件　　张	合计																								

会计主管：　　　记账：　　　出纳：　　　审核：　　　制证：

记账凭证

年　　月　　日　　　　　　　　字第　　号

摘要	会计科目		借方金额											贷方金额											记账√
	总账科目	明细科目	亿	千	百	十	万	千	百	十	元	角	分	亿	千	百	十	万	千	百	十	元	角	分	
附件　　张	合计																								

会计主管：　　　记账：　　　出纳：　　　审核：　　　制证：

记账凭证

年　月　日　　　　字第　号

摘要	会计科目		借方金额											贷方金额											记账
	总账科目	明细科目	亿	千	百	十	万	千	百	十	元	角	分	亿	千	百	十	万	千	百	十	元	角	分	√
附件　张	合计																								

会计主管：　记账：　出纳：　审核：　制证：

记账凭证

年　月　日　　　　字第　号

摘要	会计科目		借方金额											贷方金额											记账
	总账科目	明细科目	亿	千	百	十	万	千	百	十	元	角	分	亿	千	百	十	万	千	百	十	元	角	分	√
附件　张	合计																								

会计主管：　记账：　出纳：　审核：　制证：

记 账 凭 证

年 月 日　　　　字第 号

摘 要	会计科目		借方金额											贷方金额											记账
	总账科目	明细科目	亿	千	百	十	万	千	百	十	元	角	分	亿	千	百	十	万	千	百	十	元	角	分	√
附件 张	合 计																								

会计主管：　　记账：　　出纳：　　审核：　　制证：

记 账 凭 证

年 月 日　　　　字第 号

摘 要	会计科目		借方金额											贷方金额											记账
	总账科目	明细科目	亿	千	百	十	万	千	百	十	元	角	分	亿	千	百	十	万	千	百	十	元	角	分	√
附件 张	合 计																								

会计主管：　　记账：　　出纳：　　审核：　　制证：

记账凭证

年　　月　　日　　　　　　　　　　　　　　　　　　　　字第　　号

摘要	会计科目		借方金额											贷方金额											记账√
	总账科目	明细科目	亿	千	百	十	万	千	百	十	元	角	分	亿	千	百	十	万	千	百	十	元	角	分	
附件　　张	合计																								

会计主管：　　　　记账：　　　　出纳：　　　　审核：　　　　制证：

记账凭证

年　　月　　日　　　　　　　　　　　　　　　　　　　　字第　　号

摘要	会计科目		借方金额											贷方金额											记账√
	总账科目	明细科目	亿	千	百	十	万	千	百	十	元	角	分	亿	千	百	十	万	千	百	十	元	角	分	
附件　　张	合计																								

会计主管：　　　　记账：　　　　出纳：　　　　审核：　　　　制证：

记账凭证

年　　月　　日　　　　　　　　　　　　字第　　号

摘　要	会计科目		借方金额											贷方金额											记账
	总账科目	明细科目	亿	千	百	十	万	千	百	十	元	角	分	亿	千	百	十	万	千	百	十	元	角	分	√
附件　　张	合　计																								

会计主管：　　　　记账：　　　　出纳：　　　　审核：　　　　制证：

记账凭证

年　　月　　日　　　　　　　　　　　　字第　　号

摘　要	会计科目		借方金额											贷方金额											记账
	总账科目	明细科目	亿	千	百	十	万	千	百	十	元	角	分	亿	千	百	十	万	千	百	十	元	角	分	√
附件　　张	合　计																								

会计主管：　　　　记账：　　　　出纳：　　　　审核：　　　　制证：

记账凭证

年　月　日　　　　　　　　字第　　号

摘　要	会计科目		借方金额											贷方金额											记账√
	总账科目	明细科目	亿	千	百	十	万	千	百	十	元	角	分	亿	千	百	十	万	千	百	十	元	角	分	
附件　张	合　计																								

会计主管：　　记账：　　出纳：　　审核：　　制证：

记账凭证

年　月　日　　　　　　　　字第　　号

摘　要	会计科目		借方金额											贷方金额											记账√
	总账科目	明细科目	亿	千	百	十	万	千	百	十	元	角	分	亿	千	百	十	万	千	百	十	元	角	分	
附件　张	合　计																								

会计主管：　　记账：　　出纳：　　审核：　　制证：

记 账 凭 证

年　　月　　日　　　　　　　　　　　　字第　　　号

摘要	会计科目		借方金额											贷方金额											记账√
	总账科目	明细科目	亿	千	百	十	万	千	百	十	元	角	分	亿	千	百	十	万	千	百	十	元	角	分	
附件　　张	合　计																								

会计主管：　　　　记账：　　　　出纳：　　　　审核：　　　　制证：

记 账 凭 证

年　　月　　日　　　　　　　　　　　　字第　　　号

摘要	会计科目		借方金额											贷方金额											记账√
	总账科目	明细科目	亿	千	百	十	万	千	百	十	元	角	分	亿	千	百	十	万	千	百	十	元	角	分	
附件　　张	合　计																								

会计主管：　　　　记账：　　　　出纳：　　　　审核：　　　　制证：

记账凭证

年　月　日　　　　　　　　字第　号

摘要	会计科目		借方金额											贷方金额											记账√
	总账科目	明细科目	亿	千	百	十	万	千	百	十	元	角	分	亿	千	百	十	万	千	百	十	元	角	分	
附件　张	合计																								

会计主管：　记账：　出纳：　审核：　制证：

记账凭证

年　月　日　　　　　　　　字第　号

摘要	会计科目		借方金额											贷方金额											记账√
	总账科目	明细科目	亿	千	百	十	万	千	百	十	元	角	分	亿	千	百	十	万	千	百	十	元	角	分	
附件　张	合计																								

会计主管：　记账：　出纳：　审核：　制证：

记账凭证

年　　月　　日　　　　　　　　　　　　字第　　号

摘要	会计科目		借方金额											贷方金额											记账
	总账科目	明细科目	亿	千	百	十	万	千	百	十	元	角	分	亿	千	百	十	万	千	百	十	元	角	分	√
附件　　张	合计																								

会计主管：　　　记账：　　　出纳：　　　审核：　　　制证：

记账凭证

年　　月　　日　　　　　　　　　　　　字第　　号

摘要	会计科目		借方金额											贷方金额											记账
	总账科目	明细科目	亿	千	百	十	万	千	百	十	元	角	分	亿	千	百	十	万	千	百	十	元	角	分	√
附件　　张	合计																								

会计主管：　　　记账：　　　出纳：　　　审核：　　　制证：

记账凭证

年　月　日　　　　字第　号

摘要	会计科目		借方金额											贷方金额											记账√
	总账科目	明细科目	亿	千	百	十	万	千	百	十	元	角	分	亿	千	百	十	万	千	百	十	元	角	分	
附件　张	合计																								

会计主管：　　记账：　　出纳：　　审核：　　制证：

记账凭证

年　月　日　　　　字第　号

摘要	会计科目		借方金额											贷方金额											记账√
	总账科目	明细科目	亿	千	百	十	万	千	百	十	元	角	分	亿	千	百	十	万	千	百	十	元	角	分	
附件　张	合计																								

会计主管：　　记账：　　出纳：　　审核：　　制证：

记 账 凭 证

年　　月　　日　　　　　　　　　　　　　字第　　号

摘要	会计科目		借方金额											贷方金额											记账
	总账科目	明细科目	亿	千	百	十	万	千	百	十	元	角	分	亿	千	百	十	万	千	百	十	元	角	分	√
附件　　张	合计																								

会计主管：　　　　记账：　　　　出纳：　　　　审核：　　　　制证：

记 账 凭 证

年　　月　　日　　　　　　　　　　　　　字第　　号

摘要	会计科目		借方金额											贷方金额											记账
	总账科目	明细科目	亿	千	百	十	万	千	百	十	元	角	分	亿	千	百	十	万	千	百	十	元	角	分	√
附件　　张	合计																								

会计主管：　　　　记账：　　　　出纳：　　　　审核：　　　　制证：

记账凭证

年　月　日　　　　　　　　字第　　号

摘要	会计科目		借方金额											贷方金额											记账
	总账科目	明细科目	亿	千	百	十	万	千	百	十	元	角	分	亿	千	百	十	万	千	百	十	元	角	分	√
附件　张	合计																								

会计主管：　　记账：　　出纳：　　审核：　　制证：

记账凭证

年　月　日　　　　　　　　字第　　号

摘要	会计科目		借方金额											贷方金额											记账
	总账科目	明细科目	亿	千	百	十	万	千	百	十	元	角	分	亿	千	百	十	万	千	百	十	元	角	分	√
附件　张	合计																								

会计主管：　　记账：　　出纳：　　审核：　　制证：

记账凭证

年　月　日　　　　　　　　　　字第　号

摘要	会计科目		借方金额											贷方金额											记账 √
	总账科目	明细科目	亿	千	百	十	万	千	百	十	元	角	分	亿	千	百	十	万	千	百	十	元	角	分	
附件　张	合计																								

会计主管：　　记账：　　出纳：　　审核：　　制证：

记账凭证

年　月　日　　　　　　　　　　字第　号

摘要	会计科目		借方金额											贷方金额											记账 √
	总账科目	明细科目	亿	千	百	十	万	千	百	十	元	角	分	亿	千	百	十	万	千	百	十	元	角	分	
附件　张	合计																								

会计主管：　　记账：　　出纳：　　审核：　　制证：

记账凭证

年　月　日　　　　字第　号

摘要	会计科目		借方金额											贷方金额											记账√
	总账科目	明细科目	亿	千	百	十	万	千	百	十	元	角	分	亿	千	百	十	万	千	百	十	元	角	分	
附件　张	合计																								

会计主管：　　记账：　　出纳：　　审核：　　制证：

记账凭证

年　月　日　　　　字第　号

摘要	会计科目		借方金额											贷方金额											记账√
	总账科目	明细科目	亿	千	百	十	万	千	百	十	元	角	分	亿	千	百	十	万	千	百	十	元	角	分	
附件　张	合计																								

会计主管：　　记账：　　出纳：　　审核：　　制证：

记 账 凭 证

年　月　日　　　　　　　　字第　号

摘要	会计科目		借方金额											贷方金额											记账
	总账科目	明细科目	亿	千	百	十	万	千	百	十	元	角	分	亿	千	百	十	万	千	百	十	元	角	分	√
附件　张	合计																								

会计主管：　记账：　出纳：　审核：　制证：

记 账 凭 证

年　月　日　　　　　　　　字第　号

摘要	会计科目		借方金额											贷方金额											记账
	总账科目	明细科目	亿	千	百	十	万	千	百	十	元	角	分	亿	千	百	十	万	千	百	十	元	角	分	√
附件　张	合计																								

会计主管：　记账：　出纳：　审核：　制证：

二、会计账簿

（一）总账

总　　账

账号	页数	总页码

会计科目：

年		凭证		摘要	借方											贷方											借或贷	余额											核对√
月	日	种类	号数		亿	千	百	十	万	千	百	十	元	角	分	亿	千	百	十	万	千	百	十	元	角	分		亿	千	百	十	万	千	百	十	元	角	分	

总 账

账号	总页码
页数	

会计科目：

年		凭证		摘要	借方											贷方											借或贷	余额											核对√
月	日	种类	号数		亿	千	百	十	万	千	百	十	元	角	分	亿	千	百	十	万	千	百	十	元	角	分		亿	千	百	十	万	千	百	十	元	角	分	

总　　账

账号	总页码
页数	

会计科目：

年		凭证		摘要	借方											贷方											借或贷	余额											核对✓
月	日	种类	号数		亿	千	百	十	万	千	百	十	元	角	分	亿	千	百	十	万	千	百	十	元	角	分		亿	千	百	十	万	千	百	十	元	角	分	

总　账

账号	总页码
页数	

会计科目：

年		凭证		摘要	借方											贷方											借或贷	余额											核对√
月	日	种类	号数		亿	千	百	十	万	千	百	十	元	角	分	亿	千	百	十	万	千	百	十	元	角	分		亿	千	百	十	万	千	百	十	元	角	分	

总　账

账号	总页码
页数	

会计科目：

年		凭证		摘要	借方											贷方											借或贷	余额											核对✓
月	日	种类	号数		亿	千	百	十	万	千	百	十	元	角	分	亿	千	百	十	万	千	百	十	元	角	分		亿	千	百	十	万	千	百	十	元	角	分	

账号	总页码
页数	

总　账

会计科目：

年		凭证		摘　要	借方											贷方											借或贷	余额											核对√
月	日	种类	号数		亿	千	百	十	万	千	百	十	元	角	分	亿	千	百	十	万	千	百	十	元	角	分		亿	千	百	十	万	千	百	十	元	角	分	

总　账

账号	总页码
页数	

会计科目：

年		凭证		摘要	借方											贷方											借或贷	余额											核对√
月	日	种类	号数		亿	千	百	十	万	千	百	十	元	角	分	亿	千	百	十	万	千	百	十	元	角	分		亿	千	百	十	万	千	百	十	元	角	分	

账号	总页码
页数	

总　　账

会计科目：

年		凭证		摘　　要	借方											贷方											借或贷	余额											核对√
月	日	种类	号数		亿	千	百	十	万	千	百	十	元	角	分	亿	千	百	十	万	千	百	十	元	角	分		亿	千	百	十	万	千	百	十	元	角	分	

总　账

账号	总页码
页数	

会计科目：

年		凭证		摘　要	借方											贷方											借或贷	余额											核对√
月	日	种类	号数		亿	千	百	十	万	千	百	十	元	角	分	亿	千	百	十	万	千	百	十	元	角	分		亿	千	百	十	万	千	百	十	元	角	分	

总　　账

账号	总页码
页数	

会计科目：

年		凭证		摘　　要	借方											贷方											借或贷	余额											核对✓
月	日	种类	号数		亿	千	百	十	万	千	百	十	元	角	分	亿	千	百	十	万	千	百	十	元	角	分		亿	千	百	十	万	千	百	十	元	角	分	

总　　账

账号	总页码
页数	

会计科目：

年		凭证		摘要	借方											贷方											借或贷	余额											核对✓
月	日	种类	号数		亿	千	百	十	万	千	百	十	元	角	分	亿	千	百	十	万	千	百	十	元	角	分		亿	千	百	十	万	千	百	十	元	角	分	

账号	总页码
页数	

总　　账

会计科目：

年		凭证		摘　　要	借方											贷方											借或贷	余额											核对
月	日	种类	号数		亿	千	百	十	万	千	百	十	元	角	分	亿	千	百	十	万	千	百	十	元	角	分		亿	千	百	十	万	千	百	十	元	角	分	✓

总 账

账号	总页码
页数	

会计科目：

年		凭证		摘要	借方											贷方											借或贷	余额											核对√
月	日	种类	号数		亿	千	百	十	万	千	百	十	元	角	分	亿	千	百	十	万	千	百	十	元	角	分		亿	千	百	十	万	千	百	十	元	角	分	

总　　账

账号	总页码
页数	

会计科目：

年		凭证		摘要	借方											贷方											借或贷	余额											核对√
月	日	种类	号数		亿	千	百	十	万	千	百	十	元	角	分	亿	千	百	十	万	千	百	十	元	角	分		亿	千	百	十	万	千	百	十	元	角	分	

总　账

账号	总页码
页数	

会计科目：

年		凭证		摘要	借方											贷方											借或贷	余额											核对
月	日	种类	号数		亿	千	百	十	万	千	百	十	元	角	分	亿	千	百	十	万	千	百	十	元	角	分		亿	千	百	十	万	千	百	十	元	角	分	✓

总　　账

账号	总页码
页数	

会计科目：

年		凭证		摘　　要	借方											贷方											借或贷	余额											核对√
月	日	种类	号数		亿	千	百	十	万	千	百	十	元	角	分	亿	千	百	十	万	千	百	十	元	角	分		亿	千	百	十	万	千	百	十	元	角	分	

总　账

账号	总页码
页数	

会计科目：

年		凭证		摘要	借方											贷方											借或贷	余额											核对√
月	日	种类	号数		亿	千	百	十	万	千	百	十	元	角	分	亿	千	百	十	万	千	百	十	元	角	分		亿	千	百	十	万	千	百	十	元	角	分	

账号	总页码
页数	

总　　账

会计科目：

年		凭证		摘　　要	借方											贷方											借或贷	余额											核对√
月	日	种类	号数		亿	千	百	十	万	千	百	十	元	角	分	亿	千	百	十	万	千	百	十	元	角	分		亿	千	百	十	万	千	百	十	元	角	分	

总　　账

账号	总页码
页数	

会计科目：

年		凭证		摘　　要	借方											贷方											借或贷	余额											核对✓
月	日	种类	号数		亿	千	百	十	万	千	百	十	元	角	分	亿	千	百	十	万	千	百	十	元	角	分		亿	千	百	十	万	千	百	十	元	角	分	

总　　账

账号	总页码
页数	

会计科目：

年		凭证		摘要	借方											贷方											借或贷	余额											核对√
月	日	种类	号数		亿	千	百	十	万	千	百	十	元	角	分	亿	千	百	十	万	千	百	十	元	角	分		亿	千	百	十	万	千	百	十	元	角	分	

总　　账

账号	总页码
页数	

会计科目：

年		凭证		摘要	借方											贷方											借或贷	余额											核对√
月	日	种类	号数		亿	千	百	十	万	千	百	十	元	角	分	亿	千	百	十	万	千	百	十	元	角	分		亿	千	百	十	万	千	百	十	元	角	分	

总　　账

账号	总页码
页数	

会计科目：

年		凭证		摘要	借方											贷方											借或贷	余额											核对√
月	日	种类	号数		亿	千	百	十	万	千	百	十	元	角	分	亿	千	百	十	万	千	百	十	元	角	分		亿	千	百	十	万	千	百	十	元	角	分	

总 账

账号	总页码
页数	

会计科目：

年		凭证		摘要	借方											贷方											借或贷	余额											核对 ✓
月	日	种类	号数		亿	千	百	十	万	千	百	十	元	角	分	亿	千	百	十	万	千	百	十	元	角	分		亿	千	百	十	万	千	百	十	元	角	分	

账号	总页码
页数	

总　　账

会计科目：

年		凭证		摘要	借方											贷方											借或贷	余额											核对
月	日	种类	号数		亿	千	百	十	万	千	百	十	元	角	分	亿	千	百	十	万	千	百	十	元	角	分		亿	千	百	十	万	千	百	十	元	角	分	✓

账号	总页码
页数	

总　账

会计科目：

年		凭证		摘要	借方											贷方											借或贷	余额											核对✓
月	日	种类	号数		亿	千	百	十	万	千	百	十	元	角	分	亿	千	百	十	万	千	百	十	元	角	分		亿	千	百	十	万	千	百	十	元	角	分	

账号	总页码
页数	

总　　账

会计科目：

年		凭证		摘要	借方											贷方											借或贷	余额											核对√
月	日	种类	号数		亿	千	百	十	万	千	百	十	元	角	分	亿	千	百	十	万	千	百	十	元	角	分		亿	千	百	十	万	千	百	十	元	角	分	

总　　账

账号	总页码
页数	

会计科目：

年		凭证		摘　　要	借方											贷方											借或贷	余额											核对√
月	日	种类	号数		亿	千	百	十	万	千	百	十	元	角	分	亿	千	百	十	万	千	百	十	元	角	分		亿	千	百	十	万	千	百	十	元	角	分	

账号	总页码
页数	

总　　账

会计科目：

年		凭证		摘　要	借方											贷方											借或贷	余额											核对✓
月	日	种类	号数		亿	千	百	十	万	千	百	十	元	角	分	亿	千	百	十	万	千	百	十	元	角	分		亿	千	百	十	万	千	百	十	元	角	分	

总　　账

账号	总页码
页数	

会计科目：

年		凭证		摘　　要	借方											贷方											借或贷	余额											核对√
月	日	种类	号数		亿	千	百	十	万	千	百	十	元	角	分	亿	千	百	十	万	千	百	十	元	角	分		亿	千	百	十	万	千	百	十	元	角	分	

总 账

账号	总页码
页数	

会计科目：

年		凭证		摘 要	借方											贷方											借或贷	余额											核对√
月	日	种类	号数		亿	千	百	十	万	千	百	十	元	角	分	亿	千	百	十	万	千	百	十	元	角	分		亿	千	百	十	万	千	百	十	元	角	分	

总　　账

账号	总页码
页数	

会计科目：

年		凭证		摘　　要	借方											贷方											借或贷	余额											核对
月	日	种类	号数		亿	千	百	十	万	千	百	十	元	角	分	亿	千	百	十	万	千	百	十	元	角	分		亿	千	百	十	万	千	百	十	元	角	分	✓

总　　账

账号	总页码
页数	

会计科目：

年		凭证		摘要	借方											贷方											借或贷	余额											核对√
月	日	种类	号数		亿	千	百	十	万	千	百	十	元	角	分	亿	千	百	十	万	千	百	十	元	角	分		亿	千	百	十	万	千	百	十	元	角	分	

总 账

账号	总页码
页数	

会计科目：

年		凭证		摘 要	借方											贷方											借或贷	余额											核对✓
月	日	种类	号数		亿	千	百	十	万	千	百	十	元	角	分	亿	千	百	十	万	千	百	十	元	角	分		亿	千	百	十	万	千	百	十	元	角	分	

总　　账

账号	总页码
页数	

会计科目：

年		凭证		摘要	借方											贷方											借或贷	余额											核对√
月	日	种类	号数		亿	千	百	十	万	千	百	十	元	角	分	亿	千	百	十	万	千	百	十	元	角	分		亿	千	百	十	万	千	百	十	元	角	分	

总　　账

账号	总页码
页数	

会计科目：

年		凭证		摘要	借方											贷方											借或贷	余额											核对
月	日	种类	号数		亿	千	百	十	万	千	百	十	元	角	分	亿	千	百	十	万	千	百	十	元	角	分		亿	千	百	十	万	千	百	十	元	角	分	✓

账号	总页码
页数	

总　账

会计科目：

年		凭证		摘要	借方											贷方											借或贷	余额											核对√
月	日	种类	号数		亿	千	百	十	万	千	百	十	元	角	分	亿	千	百	十	万	千	百	十	元	角	分		亿	千	百	十	万	千	百	十	元	角	分	

总　　账

账号	总页码
页数	

会计科目：

年		凭证		摘　　要	借方											贷方											借或贷	余额											核对√
月	日	种类	号数		亿	千	百	十	万	千	百	十	元	角	分	亿	千	百	十	万	千	百	十	元	角	分		亿	千	百	十	万	千	百	十	元	角	分	

总　　账

账号	总页码
页数	

会计科目：

年		凭证		摘　　要	借方											贷方											借或贷	余额											核对√
月	日	种类	号数		亿	千	百	十	万	千	百	十	元	角	分	亿	千	百	十	万	千	百	十	元	角	分		亿	千	百	十	万	千	百	十	元	角	分	

总　　账

账号	总页码
页数	

会计科目：

年		凭证		摘　要	借方											贷方											借或贷	余额											核对
月	日	种类	号数		亿	千	百	十	万	千	百	十	元	角	分	亿	千	百	十	万	千	百	十	元	角	分		亿	千	百	十	万	千	百	十	元	角	分	√

账号	总页码
页数	

总　账

会计科目：

年		凭证		摘要	借方											贷方											借或贷	余额											核对√
月	日	种类	号数		亿	千	百	十	万	千	百	十	元	角	分	亿	千	百	十	万	千	百	十	元	角	分		亿	千	百	十	万	千	百	十	元	角	分	

总　账

账号	总页码
页数	

会计科目：

年		凭证		摘要	借方											贷方											借或贷	余额											核对✓
月	日	种类	号数		亿	千	百	十	万	千	百	十	元	角	分	亿	千	百	十	万	千	百	十	元	角	分		亿	千	百	十	万	千	百	十	元	角	分	

总　　账

账号	总页码
页数	

会计科目：

年		凭证		摘　　要	借方											贷方											借或贷	余额											核对✓
月	日	种类	号数		亿	千	百	十	万	千	百	十	元	角	分	亿	千	百	十	万	千	百	十	元	角	分		亿	千	百	十	万	千	百	十	元	角	分	

总　账

账号	总页码
页数	

会计科目：

年		凭证		摘要	借方											贷方											借或贷	余额											核对√
月	日	种类	号数		亿	千	百	十	万	千	百	十	元	角	分	亿	千	百	十	万	千	百	十	元	角	分		亿	千	百	十	万	千	百	十	元	角	分	

总　　账

账号	总页码
页数	

会计科目：

年		凭证		摘　　要	借方											贷方											借或贷	余额											核对√
月	日	种类	号数		亿	千	百	十	万	千	百	十	元	角	分	亿	千	百	十	万	千	百	十	元	角	分		亿	千	百	十	万	千	百	十	元	角	分	

总　　账

账号	总页码
页数	

会计科目：

年		凭证		摘要	借方											贷方											借或贷	余额											核对√
月	日	种类	号数		亿	千	百	十	万	千	百	十	元	角	分	亿	千	百	十	万	千	百	十	元	角	分		亿	千	百	十	万	千	百	十	元	角	分	

账号	总页码
页数	

总　　账

会计科目：

年		凭证		摘要	借方											贷方											借或贷	余额											核对√
月	日	种类	号数		亿	千	百	十	万	千	百	十	元	角	分	亿	千	百	十	万	千	百	十	元	角	分		亿	千	百	十	万	千	百	十	元	角	分	

总　　账

会计科目：

账号		总页码
页数		

年		凭证		摘要	借方											贷方											借或贷	余额											核对
月	日	种类	号数		亿	千	百	十	万	千	百	十	元	角	分	亿	千	百	十	万	千	百	十	元	角	分		亿	千	百	十	万	千	百	十	元	角	分	√

总　　账

账号	总页码
页数	

会计科目：

年		凭证		摘要	借方											贷方											借或贷	余额											核对√
月	日	种类	号数		亿	千	百	十	万	千	百	十	元	角	分	亿	千	百	十	万	千	百	十	元	角	分		亿	千	百	十	万	千	百	十	元	角	分	

总　　账

会计科目：

账号	总页码
页数	

年		凭证		摘　要	借方											贷方											借或贷	余额											核对
月	日	种类	号数		亿	千	百	十	万	千	百	十	元	角	分	亿	千	百	十	万	千	百	十	元	角	分		亿	千	百	十	万	千	百	十	元	角	分	√

总　账

账号	总页码
页数	

会计科目：

年		凭证		摘　要	借方											贷方											借或贷	余额											核对✓
月	日	种类	号数		亿	千	百	十	万	千	百	十	元	角	分	亿	千	百	十	万	千	百	十	元	角	分		亿	千	百	十	万	千	百	十	元	角	分	

（二）日记账

日记账

第　　页

年		凭证		摘要	结算凭证		收入											支出											借或贷	余额										
月	日	种类	号数		种类	号数	亿	千	百	十	万	千	百	十	元	角	分	亿	千	百	十	万	千	百	十	元	角	分		亿	千	百	十	万	千	百	十	元	角	分

日记账

第　　页

年		凭证		摘要	结算凭证		收入											支出											借或贷	余额										
月	日	种类	号数		种类	号数	亿	千	百	十	万	千	百	十	元	角	分	亿	千	百	十	万	千	百	十	元	角	分		亿	千	百	十	万	千	百	十	元	角	分

日记账

第　　页

年		凭证		摘要	结算凭证		收入											支出											借或贷	余额										
月	日	种类	号数		种类	号数	亿	千	百	十	万	千	百	十	元	角	分	亿	千	百	十	万	千	百	十	元	角	分		亿	千	百	十	万	千	百	十	元	角	分

日记账

第　　页

年		凭证		摘要	结算凭证		收入											支出											借或贷	余额										
月	日	种类	号数		种类	号数	亿	千	百	十	万	千	百	十	元	角	分	亿	千	百	十	万	千	百	十	元	角	分		亿	千	百	十	万	千	百	十	元	角	分

日记账

第　　页

年		凭证		摘要	结算凭证		收入											支出											借或贷	余额										
月	日	种类	号数		种类	号数	亿	千	百	十	万	千	百	十	元	角	分	亿	千	百	十	万	千	百	十	元	角	分		亿	千	百	十	万	千	百	十	元	角	分

日记账

第　　页

年		凭证		摘要	结算凭证		收入											支出											借或贷	余额										
月	日	种类	号数		种类	号数	亿	千	百	十	万	千	百	十	元	角	分	亿	千	百	十	万	千	百	十	元	角	分		亿	千	百	十	万	千	百	十	元	角	分

（三）三栏明细账

账号		总页码
页数		

年		凭证		摘要	借方											贷方											借或贷	余额											核对√
月	日	种类	号数		亿	千	百	十	万	千	百	十	元	角	分	亿	千	百	十	万	千	百	十	元	角	分		亿	千	百	十	万	千	百	十	元	角	分	

账号	总页码
页数	

年		凭证		摘要	借方											贷方											借或贷	余额											核对✓
月	日	种类	号数		亿	千	百	十	万	千	百	十	元	角	分	亿	千	百	十	万	千	百	十	元	角	分		亿	千	百	十	万	千	百	十	元	角	分	

账号		总页码
页数		

年		凭证		摘要	借方											贷方											借或贷	余额											核对✓
月	日	种类	号数		亿	千	百	十	万	千	百	十	元	角	分	亿	千	百	十	万	千	百	十	元	角	分		亿	千	百	十	万	千	百	十	元	角	分	

账号		总页码
页数		

年		凭证		摘要	借方											贷方											借或贷	余额											核对✓
月	日	种类	号数		亿	千	百	十	万	千	百	十	元	角	分	亿	千	百	十	万	千	百	十	元	角	分		亿	千	百	十	万	千	百	十	元	角	分	

账号	总页码
页数	

年		凭证		摘要	借方											贷方											借或贷	余额											核对√
月	日	种类	号数		亿	千	百	十	万	千	百	十	元	角	分	亿	千	百	十	万	千	百	十	元	角	分		亿	千	百	十	万	千	百	十	元	角	分	

账号	总页码
页数	

年		凭证		摘要	借方											贷方											借或贷	余额											核对
月	日	种类	号数		亿	千	百	十	万	千	百	十	元	角	分	亿	千	百	十	万	千	百	十	元	角	分		亿	千	百	十	万	千	百	十	元	角	分	√

账号		总页码
页数		

年		凭证		摘要	借方											贷方											借或贷	余额											核对
月	日	种类	号数		亿	千	百	十	万	千	百	十	元	角	分	亿	千	百	十	万	千	百	十	元	角	分		亿	千	百	十	万	千	百	十	元	角	分	√

账号	总页码
页数	

年		凭证		摘要	借方											贷方											借或贷	余额											核对
月	日	种类	号数		亿	千	百	十	万	千	百	十	元	角	分	亿	千	百	十	万	千	百	十	元	角	分		亿	千	百	十	万	千	百	十	元	角	分	√

账号	总页码
页数	

年		凭证		摘要	借方											贷方											借或贷	余额											核对✓
月	日	种类	号数		亿	千	百	十	万	千	百	十	元	角	分	亿	千	百	十	万	千	百	十	元	角	分		亿	千	百	十	万	千	百	十	元	角	分	

账号	总页码
页数	

年		凭证		摘要	借方											贷方											借或贷	余额											核对✓
月	日	种类	号数		亿	千	百	十	万	千	百	十	元	角	分	亿	千	百	十	万	千	百	十	元	角	分		亿	千	百	十	万	千	百	十	元	角	分	

账号		总页码
页数		

年		凭证		摘要	借方											贷方											借或贷	余额											核对✓
月	日	种类	号数		亿	千	百	十	万	千	百	十	元	角	分	亿	千	百	十	万	千	百	十	元	角	分		亿	千	百	十	万	千	百	十	元	角	分	

账号	总页码
页数	

年		凭证		摘要	借方											贷方											借或贷	余额											核对✓
月	日	种类	号数		亿	千	百	十	万	千	百	十	元	角	分	亿	千	百	十	万	千	百	十	元	角	分		亿	千	百	十	万	千	百	十	元	角	分	

账号	总页码
页数	

年		凭证		摘要	借方											贷方											借或贷	余额											核对
月	日	种类	号数		亿	千	百	十	万	千	百	十	元	角	分	亿	千	百	十	万	千	百	十	元	角	分		亿	千	百	十	万	千	百	十	元	角	分	√

账号	总页码
页数	

年		凭证		摘要	借方											贷方											借或贷	余额											核对√
月	日	种类	号数		亿	千	百	十	万	千	百	十	元	角	分	亿	千	百	十	万	千	百	十	元	角	分		亿	千	百	十	万	千	百	十	元	角	分	

账号		总页码
页数		

年		凭证		摘要	借方											贷方											借或贷	余额											核对√
月	日	种类	号数		亿	千	百	十	万	千	百	十	元	角	分	亿	千	百	十	万	千	百	十	元	角	分		亿	千	百	十	万	千	百	十	元	角	分	

账号	总页码
页数	

年		凭证		摘要	借方											贷方											借或贷	余额											核对✓
月	日	种类	号数		亿	千	百	十	万	千	百	十	元	角	分	亿	千	百	十	万	千	百	十	元	角	分		亿	千	百	十	万	千	百	十	元	角	分	

账号	总页码
页数	

年		凭证		摘要	借方											贷方											借或贷	余额											核对
月	日	种类	号数		亿	千	百	十	万	千	百	十	元	角	分	亿	千	百	十	万	千	百	十	元	角	分		亿	千	百	十	万	千	百	十	元	角	分	√

账号		总页码
页数		

年		凭证		摘要	借方											贷方											借或贷	余额											核对√
月	日	种类	号数		亿	千	百	十	万	千	百	十	元	角	分	亿	千	百	十	万	千	百	十	元	角	分		亿	千	百	十	万	千	百	十	元	角	分	

账号		总页码
页数		

年		凭证		摘要	借方											贷方											借或贷	余额											核对
月	日	种类	号数		亿	千	百	十	万	千	百	十	元	角	分	亿	千	百	十	万	千	百	十	元	角	分		亿	千	百	十	万	千	百	十	元	角	分	✓

账号	总页码
页数	

年		凭证		摘要	借方											贷方											借或贷	余额											核对✓
月	日	种类	号数		亿	千	百	十	万	千	百	十	元	角	分	亿	千	百	十	万	千	百	十	元	角	分		亿	千	百	十	万	千	百	十	元	角	分	

账号		总页码
页数		

年		凭证		摘要	借方											贷方											借或贷	余额											核对
月	日	种类	号数		亿	千	百	十	万	千	百	十	元	角	分	亿	千	百	十	万	千	百	十	元	角	分		亿	千	百	十	万	千	百	十	元	角	分	√

账号	总页码
页数	

年		凭证		摘要	借方											贷方											借或贷	余额											核对✓
月	日	种类	号数		亿	千	百	十	万	千	百	十	元	角	分	亿	千	百	十	万	千	百	十	元	角	分		亿	千	百	十	万	千	百	十	元	角	分	

账号	总页码
页数	

年		凭证		摘要	借方											贷方											借或贷	余额											核对√
月	日	种类	号数		亿	千	百	十	万	千	百	十	元	角	分	亿	千	百	十	万	千	百	十	元	角	分		亿	千	百	十	万	千	百	十	元	角	分	

账号	总页码
页数	

年		凭证		摘要	借方											贷方											借或贷	余额											核对√
月	日	种类	号数		亿	千	百	十	万	千	百	十	元	角	分	亿	千	百	十	万	千	百	十	元	角	分		亿	千	百	十	万	千	百	十	元	角	分	

账号	总页码
页数	

年		凭证		摘要	借方											贷方											借或贷	余额											核对
月	日	种类	号数		亿	千	百	十	万	千	百	十	元	角	分	亿	千	百	十	万	千	百	十	元	角	分		亿	千	百	十	万	千	百	十	元	角	分	√

账号	总页码
页数	

年		凭证		摘要	借方											贷方											借或贷	余额											核对✓
月	日	种类	号数		亿	千	百	十	万	千	百	十	元	角	分	亿	千	百	十	万	千	百	十	元	角	分		亿	千	百	十	万	千	百	十	元	角	分	

账号		总页码
页数		

年		凭证		摘要	借方											贷方											借或贷	余额											核对
月	日	种类	号数		亿	千	百	十	万	千	百	十	元	角	分	亿	千	百	十	万	千	百	十	元	角	分		亿	千	百	十	万	千	百	十	元	角	分	√

账号	总页码
页数	

年		凭证		摘要	借方											贷方											借或贷	余额											核对✓
月	日	种类	号数		亿	千	百	十	万	千	百	十	元	角	分	亿	千	百	十	万	千	百	十	元	角	分		亿	千	百	十	万	千	百	十	元	角	分	

账号	总页码
页数	

年		凭证		摘要	借方											贷方											借或贷	余额											核对√
月	日	种类	号数		亿	千	百	十	万	千	百	十	元	角	分	亿	千	百	十	万	千	百	十	元	角	分		亿	千	百	十	万	千	百	十	元	角	分	

账号	总页码
页数	

年		凭证		摘要	借方											贷方											借或贷	余额											核对✓
月	日	种类	号数		亿	千	百	十	万	千	百	十	元	角	分	亿	千	百	十	万	千	百	十	元	角	分		亿	千	百	十	万	千	百	十	元	角	分	

账号	总页码
页数	

年		凭证		摘要	借方											贷方											借或贷	余额											核对√
月	日	种类	号数		亿	千	百	十	万	千	百	十	元	角	分	亿	千	百	十	万	千	百	十	元	角	分		亿	千	百	十	万	千	百	十	元	角	分	

账号	总页码
页数	

年		凭证		摘要	借方											贷方											借或贷	余额											核对✓
月	日	种类	号数		亿	千	百	十	万	千	百	十	元	角	分	亿	千	百	十	万	千	百	十	元	角	分		亿	千	百	十	万	千	百	十	元	角	分	

账号	总页码
页数	

年		凭证		摘要	借方											贷方											借或贷	余额											核对√
月	日	种类	号数		亿	千	百	十	万	千	百	十	元	角	分	亿	千	百	十	万	千	百	十	元	角	分		亿	千	百	十	万	千	百	十	元	角	分	

账号	总页码
页数	

年		凭证		摘要	借方											贷方											借或贷	余额											核对✓
月	日	种类	号数		亿	千	百	十	万	千	百	十	元	角	分	亿	千	百	十	万	千	百	十	元	角	分		亿	千	百	十	万	千	百	十	元	角	分	

账号		总页码
页数		

年		凭证		摘　　要	借方											贷方											借或贷	余额											核对
月	日	种类	号数		亿	千	百	十	万	千	百	十	元	角	分	亿	千	百	十	万	千	百	十	元	角	分		亿	千	百	十	万	千	百	十	元	角	分	✓

账号	总页码
页数	

年		凭证		摘要	借方											贷方											借或贷	余额											核对√
月	日	种类	号数		亿	千	百	十	万	千	百	十	元	角	分	亿	千	百	十	万	千	百	十	元	角	分		亿	千	百	十	万	千	百	十	元	角	分	

账号		总页码
页数		

年		凭证		摘要	借方											贷方											借或贷	余额											核对✓
月	日	种类	号数		亿	千	百	十	万	千	百	十	元	角	分	亿	千	百	十	万	千	百	十	元	角	分		亿	千	百	十	万	千	百	十	元	角	分	

账号	总页码
页数	

年		凭证		摘要	借方											贷方											借或贷	余额											核对
月	日	种类	号数		亿	千	百	十	万	千	百	十	元	角	分	亿	千	百	十	万	千	百	十	元	角	分		亿	千	百	十	万	千	百	十	元	角	分	✓

账号		总页码
页数		

年		凭证		摘要	借方											贷方											借或贷	余额											核对√
月	日	种类	号数		亿	千	百	十	万	千	百	十	元	角	分	亿	千	百	十	万	千	百	十	元	角	分		亿	千	百	十	万	千	百	十	元	角	分	

账号	总页码
页数	

年		凭证		摘要	借方											贷方											借或贷	余额											核对✓
月	日	种类	号数		亿	千	百	十	万	千	百	十	元	角	分	亿	千	百	十	万	千	百	十	元	角	分		亿	千	百	十	万	千	百	十	元	角	分	

账号	总页码
页数	

年		凭证		摘要	借方											贷方											借或贷	余额											核对✓
月	日	种类	号数		亿	千	百	十	万	千	百	十	元	角	分	亿	千	百	十	万	千	百	十	元	角	分		亿	千	百	十	万	千	百	十	元	角	分	

账号	总页码
页数	

年		凭证		摘要	借方											贷方											借或贷	余额											核对√
月	日	种类	号数		亿	千	百	十	万	千	百	十	元	角	分	亿	千	百	十	万	千	百	十	元	角	分		亿	千	百	十	万	千	百	十	元	角	分	

账号		总页码
页数		

年		凭证		摘要	借方											贷方											借或贷	余额											核对
月	日	种类	号数		亿	千	百	十	万	千	百	十	元	角	分	亿	千	百	十	万	千	百	十	元	角	分		亿	千	百	十	万	千	百	十	元	角	分	✓

账号	总页码
页数	

年		凭证		摘要	借方											贷方											借或贷	余额											核对√
月	日	种类	号数		亿	千	百	十	万	千	百	十	元	角	分	亿	千	百	十	万	千	百	十	元	角	分		亿	千	百	十	万	千	百	十	元	角	分	

账号		总页码
页数		

年		凭证		摘要	借方											贷方											借或贷	余额											核对√
月	日	种类	号数		亿	千	百	十	万	千	百	十	元	角	分	亿	千	百	十	万	千	百	十	元	角	分		亿	千	百	十	万	千	百	十	元	角	分	

账号	总页码
页数	

年		凭证		摘要	借方											贷方											借或贷	余额											核对√
月	日	种类	号数		亿	千	百	十	万	千	百	十	元	角	分	亿	千	百	十	万	千	百	十	元	角	分		亿	千	百	十	万	千	百	十	元	角	分	

账号	总页码
页数	

年		凭证		摘要	借方											贷方											借或贷	余额											核对√
月	日	种类	号数		亿	千	百	十	万	千	百	十	元	角	分	亿	千	百	十	万	千	百	十	元	角	分		亿	千	百	十	万	千	百	十	元	角	分	

账号	总页码
页数	

年		凭证		摘要	借方											贷方											借或贷	余额											核对✓
月	日	种类	号数		亿	千	百	十	万	千	百	十	元	角	分	亿	千	百	十	万	千	百	十	元	角	分		亿	千	百	十	万	千	百	十	元	角	分	

账号	总页码
页数	

年		凭证		摘要	借方											贷方											借或贷	余额											核对✓
月	日	种类	号数		亿	千	百	十	万	千	百	十	元	角	分	亿	千	百	十	万	千	百	十	元	角	分		亿	千	百	十	万	千	百	十	元	角	分	

账号	总页码
页数	

年		凭证		摘要	借方											贷方											借或贷	余额											核对√
月	日	种类	号数		亿	千	百	十	万	千	百	十	元	角	分	亿	千	百	十	万	千	百	十	元	角	分		亿	千	百	十	万	千	百	十	元	角	分	

账号	总页码
页数	

年		凭证		摘要	借方											贷方											借或贷	余额											核对
月	日	种类	号数		亿	千	百	十	万	千	百	十	元	角	分	亿	千	百	十	万	千	百	十	元	角	分		亿	千	百	十	万	千	百	十	元	角	分	✓

账号	总页码
页数	

年		凭证		摘要	借方											贷方											借或贷	余额											核对√
月	日	种类	号数		亿	千	百	十	万	千	百	十	元	角	分	亿	千	百	十	万	千	百	十	元	角	分		亿	千	百	十	万	千	百	十	元	角	分	

账号	总页码
页数	

年		凭证		摘要	借方											贷方											借或贷	余额											核对√
月	日	种类	号数		亿	千	百	十	万	千	百	十	元	角	分	亿	千	百	十	万	千	百	十	元	角	分		亿	千	百	十	万	千	百	十	元	角	分	

账号	总页码
页数	

年		凭证		摘要	借方											贷方											借或贷	余额											核对√
月	日	种类	号数		亿	千	百	十	万	千	百	十	元	角	分	亿	千	百	十	万	千	百	十	元	角	分		亿	千	百	十	万	千	百	十	元	角	分	

账号	总页码
页数	

年		凭证		摘要	借方											贷方											借或贷	余额											核对√
月	日	种类	号数		亿	千	百	十	万	千	百	十	元	角	分	亿	千	百	十	万	千	百	十	元	角	分		亿	千	百	十	万	千	百	十	元	角	分	

账号	总页码
页数	

年		凭证		摘要	借方											贷方											借或贷	余额											核对
月	日	种类	号数		亿	千	百	十	万	千	百	十	元	角	分	亿	千	百	十	万	千	百	十	元	角	分		亿	千	百	十	万	千	百	十	元	角	分	√

账号		总页码
页数		

年		凭证		摘要	借方											贷方											借或贷	余额											核对
月	日	种类	号数		亿	千	百	十	万	千	百	十	元	角	分	亿	千	百	十	万	千	百	十	元	角	分		亿	千	百	十	万	千	百	十	元	角	分	✓

账号	总页码
页数	

年		凭证		摘要	借方											贷方											借或贷	余额											核对
月	日	种类	号数		亿	千	百	十	万	千	百	十	元	角	分	亿	千	百	十	万	千	百	十	元	角	分		亿	千	百	十	万	千	百	十	元	角	分	√

账号	总页码
页数	

年		凭证		摘要	借方											贷方											借或贷	余额											核对✓
月	日	种类	号数		亿	千	百	十	万	千	百	十	元	角	分	亿	千	百	十	万	千	百	十	元	角	分		亿	千	百	十	万	千	百	十	元	角	分	

账号	总页码
页数	

年		凭证		摘要	借方											贷方											借或贷	余额											核对√
月	日	种类	号数		亿	千	百	十	万	千	百	十	元	角	分	亿	千	百	十	万	千	百	十	元	角	分		亿	千	百	十	万	千	百	十	元	角	分	

账号	总页码
页数	

年		凭证		摘要	借方											贷方											借或贷	余额											核对√
月	日	种类	号数		亿	千	百	十	万	千	百	十	元	角	分	亿	千	百	十	万	千	百	十	元	角	分		亿	千	百	十	万	千	百	十	元	角	分	

账号	总页码
页数	

年		凭证		摘要	借方											贷方											借或贷	余额											核对√
月	日	种类	号数		亿	千	百	十	万	千	百	十	元	角	分	亿	千	百	十	万	千	百	十	元	角	分		亿	千	百	十	万	千	百	十	元	角	分	

账号	总页码
页数	

年		凭证		摘要	借方											贷方											借或贷	余额											核对✓
月	日	种类	号数		亿	千	百	十	万	千	百	十	元	角	分	亿	千	百	十	万	千	百	十	元	角	分		亿	千	百	十	万	千	百	十	元	角	分	

账号	总页码
页数	

年		凭证		摘要	借方											贷方											借或贷	余额											核对√
月	日	种类	号数		亿	千	百	十	万	千	百	十	元	角	分	亿	千	百	十	万	千	百	十	元	角	分		亿	千	百	十	万	千	百	十	元	角	分	

（四）数量金额式明细账

账号	总页码
页数	

明细科目：________

类别：________ 存放地点：________ 规格：________ 计量单位：________ 计量单价：________

最高存量：
最低存量：

年		凭证号数	摘要	收入													发出													结存													核对✓
月	日			数量	单价	金额											数量	单价	金额											数量	单价	金额											
						亿	千	百	十	万	千	百	十	元	角	分			亿	千	百	十	万	千	百	十	元	角	分			亿	千	百	十	万	千	百	十	元	角	分	

最高存量：
最低存量：

账号	总页码
页数	

明细科目：

类别：＿＿＿＿ 存放地点：＿＿＿＿ 规格：＿＿＿＿ 计量单位：＿＿＿＿ 计量单价：

年		凭证号数	摘要	收入													发出													结存													核对√
月	日			数量	单价	金额											数量	单价	金额											数量	单价	金额											
						亿	千	百	十	万	千	百	十	元	角	分			亿	千	百	十	万	千	百	十	元	角	分			亿	千	百	十	万	千	百	十	元	角	分	

最高存量：
最低存量：

账号	总页码
页数	

明细科目：

类别：______ 存放地点：______ 规格：______ 计量单位：______ 计量单价：

年		凭证号数	摘要	收入													发出													结存													核对√
						金额													金额													金额											
月	日			数量	单价	亿	千	百	十	万	千	百	十	元	角	分	数量	单价	亿	千	百	十	万	千	百	十	元	角	分	数量	单价	亿	千	百	十	万	千	百	十	元	角	分	

最高存量：
最低存量：

账号	总页码
页数	

明细科目：

类别：________ 存放地点：________ 规格：________ 计量单位：________ 计量单价：

年		凭证号数	摘要	收入													发出													结存													核对✓
月	日			数量	单价	金额											数量	单价	金额											数量	单价	金额											
						亿	千	百	十	万	千	百	十	元	角	分			亿	千	百	十	万	千	百	十	元	角	分			亿	千	百	十	万	千	百	十	元	角	分	

最高存量：
最低存量：

账号	总页码
页数	

明细科目：

类别：________ 存放地点：________ 规格：________ 计量单位：________ 计量单价：

年		凭证号数	摘要	收入													发出													结存													核对√
月	日			数量	单价	金额											数量	单价	金额											数量	单价	金额											
						亿	千	百	十	万	千	百	十	元	角	分			亿	千	百	十	万	千	百	十	元	角	分			亿	千	百	十	万	千	百	十	元	角	分	

最高存量：
最低存量：

账号	总页码
页数	

明细科目：

类别：＿＿＿＿ 存放地点：＿＿＿＿ 规格：＿＿＿＿ 计量单位：＿＿＿＿ 计量单价：

年		凭证号数	摘要	收入													发出													结存													核对√
				数量	单价	金额											数量	单价	金额											数量	单价	金额											
月	日					亿	千	百	十	万	千	百	十	元	角	分			亿	千	百	十	万	千	百	十	元	角	分			亿	千	百	十	万	千	百	十	元	角	分	

最高存量：	
最低存量：	

账号	总页码
页数	

明细科目：

类别：__________ 存放地点：__________ 规格：__________ 计量单位：__________ 计量单价：

年		凭证号数	摘要	收入													发出													结存													核对√
月	日			数量	单价	金额											数量	单价	金额											数量	单价	金额											
						亿	千	百	十	万	千	百	十	元	角	分			亿	千	百	十	万	千	百	十	元	角	分			亿	千	百	十	万	千	百	十	元	角	分	

最高存量：
最低存量：

账号	总页码
页数	

明细科目：

类别：______ 存放地点：______ 规格：______ 计量单位：______ 计量单价：

年		凭证号数	摘要	收入													发出													结存													核对√
				数量	单价	金额											数量	单价	金额											数量	单价	金额											
月	日					亿	千	百	十	万	千	百	十	元	角	分			亿	千	百	十	万	千	百	十	元	角	分			亿	千	百	十	万	千	百	十	元	角	分	

最高存量：
最低存量：

账号	总页码
页数	

明细科目：

类别：______ 存放地点：______ 规格：______ 计量单位：______ 计量单价：

年		凭证号数	摘要	收入													发出													结存													核对√
				数量	单价	金额											数量	单价	金额											数量	单价	金额											
月	日					亿	千	百	十	万	千	百	十	元	角	分			亿	千	百	十	万	千	百	十	元	角	分			亿	千	百	十	万	千	百	十	元	角	分	

最高存量：
最低存量：

账号	总页码
页数	

明细科目：____________

类别：__________ 存放地点：__________ 规格：__________ 计量单位：__________ 计量单价：

年		凭证号数	摘要	收入													发出													结存													核对√
				数量	单价	金额											数量	单价	金额											数量	单价	金额											
月	日					亿	千	百	十	万	千	百	十	元	角	分			亿	千	百	十	万	千	百	十	元	角	分			亿	千	百	十	万	千	百	十	元	角	分	

（五）多栏明细账

1. 应交增值税明细账

应交税费——应交增值税

账号		总页数
页数		

年		凭证号数	摘要	借方			贷方			借或贷	余额	核对√
月	日			合计	进项税额	转出未交增值税	合计	销项税额	进项税额转出			
				亿千百十万千百十元角分	亿千百十万千百十元角分	亿千百十万千百十元角分	亿千百十万千百十元角分	亿千百十万千百十元角分	亿千百十万千百十元角分		亿千百十万千百十元角分	

应交税费——应交增值税

账号	总页数
页数	

年		凭证号数	摘要	借方																																	贷方																																	借或贷	余额											核对√
				合计											进项税额											转出未交增值税											合计											销项税额											进项税额转出																						
月	日			亿	千	百	十	万	千	百	十	元	角	分	亿	千	百	十	万	千	百	十	元	角	分	亿	千	百	十	万	千	百	十	元	角	分	亿	千	百	十	万	千	百	十	元	角	分	亿	千	百	十	万	千	百	十	元	角	分	亿	千	百	十	万	千	百	十	元	角	分		亿	千	百	十	万	千	百	十	元	角	分	

2. 管理费用明细账

管理费用

账号　　页数　　总页数

年		凭证号数	摘要	合计	明细项目									
月	日				差旅费	办公费	业务招待费	水电费	福利费	工资	无形资产摊销	财产保险费	职工教育经费	其他
				亿千百十万千百十元角分	亿千百十万千百十元角分	亿千百十万千百十元角分	亿千百十万千百十元角分	亿千百十万千百十元角分	亿千百十万千百十元角分	亿千百十万千百十元角分	亿千百十万千百十元角分	亿千百十万千百十元角分	亿千百十万千百十元角分	亿千百十万千百十元角分

3. 销售费用明细账

账号		总页数
页数		

销售费用

年 月	年 日	凭证号数	摘要	合计 亿千百十万千百十元角分	明细项目 广告费 亿千百十万千百十元角分	明细项目 运输费 亿千百十万千百十元角分	明细项目 水电费 亿千百十万千百十元角分	明细项目 工资 亿千百十万千百十元角分	明细项目 亿千百十万千百十元角分	明细项目 亿千百十万千百十元角分

4. 财务费用明细账

财务费用

账号		总页数	
页数			

年		凭证号数	摘要	合计	明细项目				
					利息费用	手续费			
月	日			亿千百十万千百十元角分	亿千百十万千百十元角分	亿千百十万千百十元角分	亿千百十万千百十元角分	亿千百十万千百十元角分	亿千百十万千百十元角分

5. 生产成本明细账

账号	总页数
页数	

生产成本

年		凭证号数	摘要	合计											明细项目																																																																
															甲产品											乙产品																																																			
月	日			亿	千	百	十	万	千	百	十	元	角	分	亿	千	百	十	万	千	百	十	元	角	分	亿	千	百	十	万	千	百	十	元	角	分	亿	千	百	十	万	千	百	十	元	角	分	亿	千	百	十	万	千	百	十	元	角	分	亿	千	百	十	万	千	百	十	元	角	分	亿	千	百	十	万	千	百	十	元	角	分

6. 制造费用明细账

账号	总页数
页数	

制造费用

年		凭证号数	摘要	合计											明细项目																																																																
															一车间											二车间											车间管理部门																																					
月	日			亿	千	百	十	万	千	百	十	元	角	分	亿	千	百	十	万	千	百	十	元	角	分	亿	千	百	十	万	千	百	十	元	角	分	亿	千	百	十	万	千	百	十	元	角	分	亿	千	百	十	万	千	百	十	元	角	分	亿	千	百	十	万	千	百	十	元	角	分	亿	千	百	十	万	千	百	十	元	角	分

三、科目汇总表

科目汇总表

类别编号： 年 月 日至 日 凭证 号至 号共 张

会计科目	本期发生额																								备注
	借方											√	贷方											√	
	亿	千	百	十	万	千	百	十	元	角	分		亿	千	百	十	万	千	百	十	元	角	分		
合计																									

会计主管： 记账： 审核： 填制：

科目汇总表

类别编号：　　　　　　　　　　年　　月　　日至　　日　　　　　　凭证　　号至　　号共　　张

会计科目	本期发生额																							备注
	借方											√	贷方											√	
	亿	千	百	十	万	千	百	十	元	角	分		亿	千	百	十	万	千	百	十	元	角	分		
合　计																								

会计主管：　　　　　　　　记账：　　　　　　　　审核：　　　　　　　　填制：

科目汇总表

类别编号：　　　　　　　　年　月　日至　日　　　　凭证　号至　号共　张

会计科目	本期发生额																								备注
	借方											√	贷方											√	
	亿	千	百	十	万	千	百	十	元	角	分		亿	千	百	十	万	千	百	十	元	角	分		
合　计																									

会计主管：　　　　记账：　　　　审核：　　　　填制：

科目汇总表

类别编号：　　　　　　　　年　月　日至　日　　　　凭证　号至　号共　张

会计科目	本期发生额																								备注
	借方											√	贷方											√	
	亿	千	百	十	万	千	百	十	元	角	分		亿	千	百	十	万	千	百	十	元	角	分		
合　计																									

会计主管：　　　　记账：　　　　审核：　　　　填制：

科目汇总表

类别编号：　　　　　　　　　　年　　月　　日至　　日　　　　　　凭证　　号至　　号共　　张

会计科目	本期发生额																								备注
	借方											√	贷方											√	
	亿	千	百	十	万	千	百	十	元	角	分		亿	千	百	十	万	千	百	十	元	角	分		
合　计																									

会计主管：　　　　　　　　记账：　　　　　　　　审核：　　　　　　　　填制：

科目汇总表

类别编号：　　　　　　　　　　　　　年　　月　　日至　　日　　　　　　凭证　　号至　　号共　　张

会计科目	本期发生额																								备注
	借方											√	贷方											√	
	亿	千	百	十	万	千	百	十	元	角	分		亿	千	百	十	万	千	百	十	元	角	分		
合计																									

会计主管：　　　　　　　　记账：　　　　　　　　审核：　　　　　　　　填制：

四、试算平衡表

总账余额及发生额试算平衡表

年　月　日至　日

序号	科目名称	期初余额		本期发生额		期末余额	
		借方	贷方	借方	贷方	借方	贷方
1	库存现金						
2	银行存款						
3	其他货币资金						
4	交易性金融资产						
5	应收票据						
6	应收账款						
7	其他应收款						
8	预付账款						
9	坏账准备						
10	在途物资						
11	原材料						
12	库存商品						
13	周转材料						
14	固定资产						
15	累计折旧						
16	在建工程						
17	工程物资						
18	固定资产清理						
19	无形资产						
20	累计摊销						
21	递延所得税资产						
22	待处理财产损溢						
23	生产成本						
24	制造费用						
25	短期借款						
26	应付票据						
27	应付账款						
28	预收账款						
29	应付职工薪酬						
30	应交税费						
31	应付股利						
32	其他应付款						
33	长期借款						
34	实收资本（或股本）						
35	资本公积						
36	盈余公积						
37	本年利润						
38	利润分配						
39	主营业务收入						
40	其他业务收入						
41	投资收益						
42	营业外收入						
43	主营业务成本						
44	税金及附加						
45	销售费用						
46	管理费用						
47	财务费用						
48	资产减值损失						
49	营业外支出						
50	所得税费用						
合计							

五、会计报表

1. 资产负债表

资产负债表（简表）

会企01表

编制单位： 年 月 日 单位:元

资产	行次	期初数	年末数	负债及所有者权益	行次	期初数	年末数
流动资产：				流动负债：			
货币资金	1			短期借款	33		
交易性金融资产	2			交易性金融负债	34		
应收票据	3			应付票据	35		
应收账款	4			应付账款	36		
预付款项	5			预收账款	37		
应收股利	6			应付职工薪酬	38		
应收利息	7			应交税费	39		
其他应收款	8			应付利息	40		
存货	9			应付股利	41		
合同资产	10			其他应付款	42		
一年内到期的非流动资产	11			持有待售负债	43		
其他流动资产	12			一年内到期的非流动负债	44		
流动资产合计	13			其他流动负债	45		
非流动资产：	14			**流动负债合计**	46		
债权投资	15			非流动负债：	47		
其他债权投资	16			长期借款	48		
长期应收款	17			应付债券	49		
长期股权投资	18			长期应付款	50		
其他权益工具投资	19			专项应付款	51		
固定资产	20			递延所得税负债	52		
在建工程	21			其他非流动负债	53		
工程物资	22			**非流动负债合计**	54		
固定资产清理	23			**负债合计**	55		
生产性生物资产	24			所有者权益：	56		
油气资产	25			实收资本（或股本）	57		
无形资产	26			资本公积	58		
开发支出	27			盈余公积	59		
商誉	28			未分配利润	60		
递延所得税资产	29			减：库存股	61		
其他非流动资产	30				62		
非流动资产合计	31			**所有者权益合计**	63		
资产总计	32			**负债和所有者权益合计**	64		

2. 利润表

利润表（简表）

会企02表

编制单位：　　　　　　　　　　　　年度　　　　　　　　　　　　单位：元

项目名称	行次	本年金额	上年金额
一、营业收入			
减：营业成本			
税金及附加			
销售费用			
管理费用			
财务费用			
资产减值损失			
加：公允价值变动收益（损失以“一”号填列）			
投资收益			
其中：对联营企业和合营企业的投资收益			
二、营业利润（亏损以“一”号填列）			
加：营业外收入			
减：营业外支出			
其中：非流动资产处置损失			
三、利润总额（亏损总额以“一”号填列）			
减：所得税费用			
四、净利润（净亏损以“-”号填列）			
五、每股收益			
（一）基本每股收益			
（二）稀释每股收益			

3. 现金流量表

现金流量表（简表）

会企03表

编制单位： 年度 单位：元

项目	行次	本年金额	上年金额
一、经营活动产生的现金流量	1		
销售商品、提供劳务收到的现金	2		
收到税费返还	3		
收到其他与经营活动有关的现金	4		
经营活动现金流入小计	**5**		
购买商品、接受劳务支付的现金	6		
支付给职工以及为职工支付的现金	7		
支付的各项税费	8		
支付其他与经营活动有关的现金	9		
经营活动现金流出小计	**10**		
经营活动产生的现金流量净额	**11**		
二、投资活动产生的现金流量：	12		
收回投资收到的现金	13		
取得投资收益收到的现金	14		
处置固定资产、无形资产和其他长期资产收回的现金净额	15		
处置子公司及其他营业单位收到的现金净额	16		
收到其他与投资活动有关的现金	17		
投资活动现金流入小计	**18**		
购建固定资产、无形资产和其他长期资产支付的现金	19		
投资支付的现金	20		
取得子公司及其他营业单位支付的现金净额	21		
支付其他与投资活动有关的现金	22		
投资活动现金流出小计	**23**		
投资活动产生的现金流量净额	**24**		
三、筹资活动产生的现金流量：	25		
吸收投资收到的现金	26		
取得借款收到的现金	27		
收到其他与筹资活动有关的现金	28		
筹资活动现金流入小计	**29**		
偿还债务支付现金	30		
分配股利、利润或偿付利息支付的现金	31		
支付其他与筹资活动有关的现金	32		
筹资活动现金流出小计	**33**		
筹资活动产生的现金流量净额	**34**		
四、汇率变动对现金及现金等价物的影响	35		
五、现金及现金等价物净增加额	**36**		
加：期初现金及现金等价物余额	37		
六、期末现金及现金等价物余额	**38**		

4. 所有者权益（股东权益）变动表

所有者权益（股东权益）变动表（简表）

会企04表

编制单位：　　　　年度　　　　单位：元

项目	行次	本年金额					
		实收资本（或股本）	资本公积	盈余公积	未分配利润	库存股（减项）	所有者权益合计
一、上年年末数据	1						
1. 会计政策变更	2						
2. 前期差错更正	3						
二、本年初余额	4						
三、本年增减变动金额	5						
（一）本年净利润	6						
（二）直接计入所有者权益的利得和损失	7						
1. 可供出售金融资产公允价值变动净额	8						
2. 现金流量套期工具公允价值变动净额	9						
3. 与计入所有者权益项目相关的所得税影响	10						
4. 其他	11						
小计	12						
（三）所有者投入资本	13						
1. 所有者本期投入资本	14						
2. 本年购回库存股	15						
3. 股份支付计入所有者权益的金额	16						
（四）本年利润分配	17						
1. 对所有者（或股东）的分配	18						
2. 提取盈余公积	19						
（五）所有者权益内部结转	20						
1. 资本公积转增资本	21						
2. 盈余公积转增资本	22						
3. 盈余公积弥补亏损	23						
四、本年年末余额	24						